办事的艺术

邢群麟
姚迪雷
编著

中华工商联合出版社

前言

一个人身处社会中，如果想要生存，并且想要取得成功的话，就需要处理各种各样的问题，面对各种各样的人。而能不能在社会上站得住、走得稳，能否在纷繁复杂的环境中自如地驾驭人生局面，做到逢凶化吉、遇难呈祥，把不可能的事变为可能的事，最后达到成功之目的，要看你是否具备必需的生存技能——会办事。

所谓会办事，就是能分清事情的轻重缓急、大小难易，办事时能把握住说与做的火候；办事前掂量好自己的身份，并了解对方的脾气秉性和喜好，同时，还要了解并能遵循一些办事过程中所涉及的规矩和规则，最终达到自己的目的。

在当今的社会，会办事已经成为一个人生存必备的技能。没有哪个人是万能的，一个人不可能涉足各个领域，人生在世，哪有万事不求人的道理，所以办事是不可避免的，这就要求我们每个人都要掌握办事的方法和技巧。

但在这个纷繁复杂的社会上，办事可不像一般人想象的那么简单，办事其实大有讲究。同样的一件事，有的人办起来得心应手，

□ 办事的艺术 □

水到渠成；有的人则困难重重，难达目的。有些人对此有着深刻的体会，他们在办事时得到的结果常常是要么被一口回绝，要么被人晾在一边，别人对自己不理不睬，让自己下不了台。因此，许多人一提起办事都头疼不已。之所以有这样不同的结局，主要原因在于两者办事方法上的差异。

办事是一门学问，更是一门艺术。如果我们掌握了办事的艺术，就能有效地利用更多的资源来为自己服务，使自己的事业和生活处处顺风顺水。如果没有掌握办事的艺术，即使是最简单的事情，也往往会遇到一些困难；即使是最周密的计划，也不会变成实际中的成功。所以说，研究和运用办事的艺术，是生存的需要，是谋事的需要，是达到目的的需要，也是实现自己理想的需要。懂得了办事的艺术，你的办事水平就会大大提高，这常常是走向实现自我的开始。

本书借鉴和汲取了我国古代处世智慧的精华，并结合当今社会人际关系的特点和规律，全面、详尽地介绍了办事的尺度和分寸、办事语言的运用，以及如何寻求领导、同事、下属、朋友、同学等帮助办事的手段和方法。通过此书，读者可以轻松掌握办事的艺术，提高办事的能力，把握办事的尺度、分寸、火候，有效利用各种资源，达到办事的目的。希望在你走向成功的路上，这本书能助你一臂之力，使你能轻松驾驭人生局面，获得辉煌的事业和人生的转机。

目录 CONTENTS

第一章
办事的心态

第一节 求人办事务必控制住自己的情绪
控制住你的情绪 2
懂得忍让 5
放低自己的架子 7
耐心才能办成事 8
跌倒后立刻站起来 11

第二节 克服自卑，充满自信
胆识是一种办事的能力 14
努力消除自卑 17
挺直腰杆办大事 22

第二章
办事的规则

第一节 欲取先予：肯舍才能"得"以成事

懂得先"舍"，然后才会有"得" 26

先予后取，以诚动人 28

学会分享，广结善缘 30

愿意吃亏，才有长久的合作 31

第二节 情感开道：以心交心赢得好人缘

真诚换真心 34

以自己的真情赢对方的"回报" 37

善解人意，真诚理解 40

第三节 互惠互利：通向成功的共赢策略

互惠互利，持续良好交往的保证 44

不让别人赢，可能你也会输掉自己 46

共同利益是消除隔阂的桥梁 49

走共享共赢之道 51

第三章
办事的分寸和尺度

第一节 求人办事善谋划

培养主动的结交意识 55

善于运用认同术 58

第二节 求人办事要掌握好进退

求人办事要抓住时机 61

形势不妙，先走为上 66

分清事情的分量再办事 68

办事要掌握好火候 70

第三节 办事必知的忌讳

死要面子活受罪 73

过于吝啬 75

急于求成 77

存在羞怯心理 79

得罪别人 81

第四章
最容易打动对方的求人艺术

第一节 以情感人，让对方主动帮忙

激起别人的同情心 85

泪水能软化别人的心肠 87

第二节 软磨硬泡，迫使对方答应帮忙

缠着对方不放 90

反复催问，不给对方拖延之机 92

穷追不舍 96

用行动表达诚意 99

不断寻求对方的理解 102

巧妙释疑，让对方放下心理包袱......103

第三节 间接感化，请求对方办事

找能说会道的人帮忙......105

利用边缘人物疏通......108

用真情打动对方......109

每个人都有温柔的一面......111

不失时机地与对方套近乎......114

第四节 求对方办事可"转个弯儿"

委婉地向对方求助......116

暗中智取，让对方为你办事......118

借势用力，迂回说服别人帮自己办事......122

旁敲侧击，达到自己的目的......125

第五节 激起对方的兴趣再求其办事

用兴趣牵着对方走......126

先吊一下对方的胃口......127

求人办事要循序渐进......130

第五章
找不同的人办事有不同方法

第一节 找领导办事的艺术

以"情"激发领导为你办事......133

获取领导的理解好办事......136

找准称赞的点......138

得领导器重才好办事……………………………………………………141

找领导办事要把握好分寸……………………………………………143

第二节 求同事办事的技巧

让同事为你办事的最佳方法…………………………………………144

请求同事，动之以情…………………………………………………146

洞察同事的心理………………………………………………………149

第三节 托朋友、同学办事的妙法

求朋友办事礼为先……………………………………………………151

朋友间办事的忌讳……………………………………………………153

向同学坦陈困难，让其主动帮忙……………………………………156

请同学帮忙也要给予适当的回报……………………………………158

第四节 让客户办事的方法

用礼物表达你的真情…………………………………………………160

抓住客户的心理………………………………………………………161

帮过他后趁机求他帮忙………………………………………………163

通过交换资源，求人办事……………………………………………164

找到共同利益，难事不再难办………………………………………166

第六章
办好难办的事

第一节 摆脱左右为难的"困局"

跳出"两难"问题的圈套……………………………………………170

面临是非"急刹车"…………………………………………………175

说服明确拒绝自己的人 179

有效指出别人的错误又保留面子 183

如何拒绝他人而不失礼节 187

第二节 应对棘手之人

与自以为是的同事合作办事 193

与自私自利的人合作办事 197

与性情暴躁的人合作办事 202

让脾气倔强的人为你办事 204

与清高傲慢的人合作办事 207

第一章 办事的心态

☐ 办事的艺术 ☐

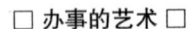

第一节 求人办事务必控制住自己的情绪

控制住你的情绪

求人办事首先要有个心理准备，要控制住自己的情绪，毕竟事情不会尽如自己所愿。我们可以这样设想：当一个人无意中触痛了你的敏感之处，你就不顾一切地乱喊乱叫；当人家同意你的一个观点时，你就高兴得眉飞色舞，对方对你的印象还会好吗？同样的道理，在办事时，如果别人不答应帮忙，你就满脸的不高兴；如果别人答应帮忙，你又高兴得忘乎所以，那别人对你的印象会好吗？

汤姆曾经告诉过朋友们这样一件事：一个星期六的上午，汤姆

第一章 办事的心态

去会见某知名公司的部门主管,约见地点是对方的办公室。主人事先说明他们的谈话会被打断20分钟,因为他约了一个房地产经纪人,他们之间关于该公司迁入新办公室的合同就差签字了。

由于只是个签字的手续,主人允许汤姆在场。

后来那位房地产经纪人带来了平面图和预算,很明显他已经说服了他的顾客,就在稳操胜券的时候,他却出人意料地做了一件蠢事。

这位房地产经纪人最近刚刚与这家知名公司的主要竞争对手签了租房合同。他大概是兴奋,仍然陶醉在自己的成功之中,便开始详细描述那笔买卖是如何做成的,接着赞美该公司竞争对手主管的优秀之处,称赞其有眼力,很明智地租用了他的房子。汤姆当时猜想接下去经纪人就要恭维这位公司主管也作出了同样的决策。

可是不一会儿,公司主管站了起来,感谢那位房地产经纪人做了那么多介绍,然后说他们暂时还不想搬家。

房地产经纪人一下子傻眼了。当他走到门口时,主管在后面说:"顺便提一下,我们公司的工作最近有一些创意,形势很好,不过这可不是踩着别人的脚印走出来的。"

或许在那个时候,房地产经纪人才意识到自己在关键时刻忘了对方的感受,只顾着陶醉于自己已取得的推销成果之中,而忽略了买方也有其作出正确抉择的骄傲。这就是在办事时不会控制情绪的结果。

□ 办事的艺术 □

同时，在办事的过程中，暴躁发怒也会使人很快失败。成功需要有很强的自控能力，要有处变不惊的素质。

如何学会自控呢？最好的办法就是经常将自己放在别人的位置上想一想。有时自己被激怒，对方并不是故意的，而是无意的行为。这种时候如果不控制自己，任由怒气爆发，结果肯定是没什么好处的。

一位曾在酒店行业摸爬滚打了多年的老总说："在经营饭店的过程中，几乎天天会发生能把你气得半死的事。当我在经营饭店并以此为生且必须与人打交道的时候，我心中总是牢记着两件事情。第一件事，绝不能让别人的劣势战胜你的优势。第二件事，每当事情出了差错，或者某人真的让你生气了，你不仅不能大发雷霆，而且还要十分镇静，这样做对你的身心健康是大有好处的。"

一位商界精英说："在与别人共同工作的过程中，我多少学到了一些东西，其中之一就是，绝不要对一个人喊叫，除非他和你离得太远不喊听不见的时候。即使那样，也得确保让他明白你为什么对他喊叫，对人喊叫在任何时候都是没有意义的，这是我的经验。喊叫只能制造不必要的烦恼。"

从上面的那位老总和商界精英的话中，我们也可以看出控制住自己的情绪，对于一个人办事有多么大的影响。所以，现在如果你觉得自己还不能很好地掌控自己的情绪，同时你又想把事情办得尽善尽美，那么就请多多留意，从控制自己的情绪做起吧！

第一章 办事的心态

懂得忍让

忍人之所不能忍，方能为人之所不能为。

2000多年前，孟子就曾说过："天将降大任于斯人也，必先苦其心志，劳其筋骨，饿其体肤，空乏其身，行拂乱其所为，所以动心忍性，曾益其所不能。"

在求人办事的过程中也是这样，不管别人是否尽力，都不要责怪，应以宽厚的胸怀待人。这样才能建立好人缘，以后办事才会变得更容易。

荀子曾说："君子贤而能容罢，知而能容愚，博而能容浅，粹而能容杂。"在生活中，我们随时都会遇到一些人说对不起自己的话或做对不起自己的事，当别人对不起我们时，我们应当怎么办呢？是针锋相对，以怨报怨呢？还是宽容为怀，原谅别人呢？最好的回答应当是宽容之，理解之，原谅之，并以实际行动感化之。

有这样一个例子，说的是一个卖保险的业务员。有一天，他到一家餐厅拜访店主，店主一听是保险公司的人，笑脸马上就收了起来。

"保险这玩意儿，根本没用。为什么呢？因为必须等我死了以后才能领钱，这算什么呢？"店主气冲冲地说。

"我不会浪费您太多的时间，您只要给我几分钟时间，让我为您简单讲解一下就行了！"业务员笑着说。

"我现在很忙，如果你的时间太多，何不帮我洗洗碗盘呢？"

□ 办事的艺术 □

店主本想以开玩笑的口吻戏谑他，没想到年轻的业务员真的脱下西装外套，卷起袖子开始洗了。他的这一举动，把一直站在旁边的老板娘吓了一跳，她大喊："你用不着来这一套，我们实在不需要保险！所以，不管你怎么说、怎么做，我们绝不会投保的，我看你还是别浪费时间和精力了！"

出人意料的是，业务员每天都来帮忙洗碗盘，但店主依旧是铁石心肠地告诉他："你再来几次也没用，你也用不着再洗了。如果你够聪明，趁早找别人吧！"

每天都面对这位店主的奚落，但是年轻的业务员忍住了，他依然天天到店里洗盘子，承受老板一家的刻薄言语。10天、20天、30天过去了。到了第40天，这个讨厌保险的店主，终于被这个年轻人的耐心感动了，最后还心甘情愿地投了高额保险，不仅如此，店主还替这位年轻的保险业务员介绍了不少新客户呢！

这些无疑都要归功于年轻的保险业务员的忍让。如果他一开始面对店主那刻薄的话语就火冒三丈、甩手而去，也就不会争取到后来那么多的保险业务了。

所以，忍让他人不仅是为了你的尊严和价值，也是为了保护自己不受伤害，更是为了以后办起事来更加顺利。

第一章　办事的心态

放低自己的架子

在求别人办事时，不论你地位多高，身份多尊贵，你都应该放低架子。因为是你在求别人，而不是别人求你，如果还摆出一副高高在上的架势，谁都不会买你的账。

在办事过程中，那些谦让而豁达的人总能赢得更多的成功。反之，那些妄自尊大、不肯放低自己架子的人必然会引起别人的反感，最终使自己处于孤立无援的境地。

1860年，林肯作为美国共和党候选人参加总统竞选，他的对手是大富翁道格拉斯。

当时，道格拉斯租用了一辆豪华的竞选列车，车后安放了一门礼炮，每到一站，就鸣放礼炮，再加上乐队奏乐，气派不凡，声势极大。道格拉斯得意扬扬地对大家说："我要让林肯这个乡下佬闻闻我的贵族气味。"林肯面对此情此景，一点也不在乎，他照样买票乘车，每到一站，就登上朋友们为他准备的耕田用的马车，站在车上发表竞选演说。他诚恳地说："有许多人写信问我有多少财产。其实我只有一个妻子和二个儿子，不过他们都是无价之宝。此外，我还租了一个办公室，室内有办公桌一张、椅子三把，墙角还有一个大书架，架上的书值得我们每个人阅读。我自己既穷又瘦，脸也很长，又不会发福，我实在没有什么可以依靠的，唯一可以信赖的就是你们。"

选举结果大出道格拉斯所料，竟是林肯获胜，当选为美国总统。

□ 办事的艺术 □

　　同样的道理，每个人都知道既然是求人办事，那靠的就是情谊。这种情谊，需要我们在平时的时候就注意积累，在与人打交道时注重维护，以真诚之心待人，这样得来的情谊才真正在你需要的时候能够用得上。如果只是攀龙附凤，溜须拍马，得到的终归不过是梦幻泡影而已，当你需要帮助时，大概率无法指望他们。所以，求人办事，不能临时抱佛脚，也不能将姿态端得太高。用自己一颗诚恳的心，让对方感受到你的诚意，真正的朋友自然会选择拉你一把。

耐心才能办成事

　　办事时，无论遇到多少困难都要有耐心，这是一种基本的要求。只有忍耐，才能将求人办事的殷切之情表现出来。

　　有一位先生是一家汽车轮胎公司的经理，有一次他在酒吧喝酒，无意中碰撞了一位喝得酩酊大醉的年轻人，结果这位醉汉借酒撒疯，对他大打出手。

　　事后，这位先生从店主那里了解到，那位青年发明了一种能增加轮胎强度的技术，而且申请到了专利。但他找了好几家生产汽车轮胎的厂商，要求他们购买他的专利，都无果而终，而且被他们视为异想天开。所以，他感到怀才不遇，整日忧郁不乐，就来这里借

第一章 办事的心态

酒消愁。

当这位先生得知这些情况后,不但不介意这位青年对他的不恭,而且决定聘请他来自己公司做事。

一天早晨,他在工厂的门口等到了这位年轻人,但年轻人却心灰意冷,不愿向任何人谈起他的发明。他没有理睬这位先生,径自进工厂干活去了。但是,这位先生一直等在工厂的大门口。

中午,工人下班了,却不见那位年轻人的踪影。有人告诉这位先生,那个年轻人干的是计件工作,上下班没有固定的时间。

天气很冷,风也很大,但这位先生一直没有离去。就这样,他从早上8时一直等到下午6时。那位年轻人走出厂门,他一见这位先生的面,便爽快地答应与他合作。

原来吃午饭时,那位年轻人出来看到这位先生等在门口,便转身回去了。但后来,当他知道这位先生一天不吃不喝,在寒风中等了近10个小时之久,不禁动心了。

当然,这位先生正是在求得了这位青年才俊后,才推出了新的汽车轮胎产品,并很快在竞争激烈的市场上站稳了脚跟。

这位先生以他的忍耐之心表达了他求才若渴的殷切之情,并获得了那位年轻人的理解,从而使他答应了自己的请求。

每一个人都有这样的经历,那就是当人们不耐烦时,往往变得粗鲁无礼、固执己见,使人感觉难以相处。这种行为是有害无

□ **办事的艺术** □

益的,尤其在求人办事的过程中,俗话说"心急吃不了热豆腐",当一个人失去耐心时,同时也就失去了理智的头脑。

怎样使自己变得有耐心,在紧张的情况下也能心平气和,对情绪有所控制呢?你应当给自己来一些心理暗示。

比如说,如果你觉得自己异常急躁,就不妨对自己说"没什么可急躁的,平静下来"。同时,去想一些非常平静的画面或事情,将思绪带离现在的处境,你就会非常有耐心,保持平静,成功的把握也就多了几分。

要记住,急躁会使人失去正确的判断,容易给人造成不易接近的印象,当你丧失耐心时,同时也丧失了别人对你的支持。不要总是暴躁易怒,因为暴躁易怒的人,朋友会越来越少。

保持平静的心态还有另一个诀窍,那就是充满幽默感。善于将尴尬转化为幽默的人不但聪明,而且招人喜爱。

有耐心的人向人显示的不仅是平静,还是一种修养。

当你求人办事时,表现出足够的耐心与人家"磨",这不是要无赖,而是一种静静的、礼貌的等待。不要让对方感到你是故意找麻烦,故意影响他的工作和休息。要尽量通情达理,尽量减少对对方的干扰,只有这样,才能磨成功。磨可以不露锋芒,不提要办的事,只是不间断地接近对方,使双方关系渐近,让对方更多地了解你、同情你,从而产生帮助你的愿望。也就是说,你想办法与对方接近或与对方家人接近,并通过各种办法与他们搞好关系，从感情上贴近。这种感情上的磨，对方是难以拒绝的。

而且有一些人就喜欢让人磨，不愿轻易同意任何事情。你很有耐心地去磨他，反而会使他从精神上得到一种满足，即内心的虚荣感得到满足。在这种情况下必须去磨，如果你怕苦怕麻烦，害怕丢面子，反而会被对方笑话，对方会说："本来他再来一次我就同意了，可是他没来。"

所以，要想将事办成，你就要锻炼自己的耐心。

跌倒后立刻站起来

办事之前你也许会这样想：如果我被拒绝，该怎么办？有很多人一旦遭人拒绝，就会唉声叹气或大骂对方混蛋。

对待挫折，不同的态度会导致不同的结果。当你被人拒绝后就放弃努力，你得到的只能是失败；继续尝试，下定决心去获得成功，才是避免办事失败的最好办法。

对于那些自信而不介意暂时失败的人，没有所谓的失败；对于怀着百折不挠的意志的人，没有所谓的失败；对于别人放弃，他却坚持，别人后退，他却前进的人，没有所谓的失败；对于每次跌倒却立刻站起来，每次倒地反而像皮球那样跳得更高的人，没有所谓的失败。

1832年，美国有一个人和很多人一道失业了。他很伤心，但他

□ 办事的艺术 □

下决心改行从政，想当个州议员，当个政治家。糟糕的是，他竞选失败了。一年遭受两次打击，这对他来说是痛苦接踵而至了。

但是他并没有灰心，接下来他着手开办自己的企业，可是还不到一年，这家企业又倒闭了。此后17年的时间里，他不得不为偿还债务而到处奔波，历尽磨难。

他再次参加州议员竞选，这一次他当选了，他内心生起一丝希望，认定生活有了转机。他说："可能我可以成功了！"

第二年，即1851年，他与一位美丽的姑娘订婚了。没料到，离结婚日期还有几个月的时候，未婚妻却不幸去世。这对他的精神打击太大了，他心力交瘁，数月卧床不起，因此患上了神经衰弱症。

1852年，他觉得身体康复过来了，于是决定竞选美国国会议员，可是又失败了。

一次次尝试，一次次失败，你在求人办事时碰到这种情况会不会万念俱灰并放弃新的尝试呢？

但他没有放弃，1856年，他再度竞选国会议员，他认为自己争取成为国会议员的表现是出色的，相信选民会继续支持他。可是，机遇好像总是捉弄他，他竞选失败了。

之后，为了挣回竞选中花掉的一大笔钱，他向州政府申请担任本州的土地官员。州政府退回了他的申请报告，上面的批文是：本州的土地官员要求具备卓越的才能、超常的智慧，你的能力未能满足这些要求。

第一章　办事的心态

在他一生经历的11次较大事件当中，只成功了两次，然后又是一连串的碰壁。可是他始终没有停止自己的追求，他一直在做自己生活的主宰。1860年，他最终当选为美国总统。

他，就是后来在美国历史上创建丰功伟绩的亚伯拉罕·林肯。

很显然，林肯的成功与他的坚持不懈是分不开的，于是在美国白宫的总统办公室里，他的肖像被悬挂在显眼的位置上。罗斯福总统曾告诉别人说："每当我碰到犹疑不决的事，便看看林肯的肖像，想象他处在这个情况下应该怎么办，也许你会觉得好笑，但这是使我解决一切困难最有效的办法。"

林肯在屡遭失败后，如果他放弃了尝试，美国历史就要重新改写了。然而，面对艰难、不幸和挫折，他没有动摇，没有沮丧，他坚持着，奋斗着。他从来没有想过放弃努力，他不愿在失败之后放弃，正是这种精神促成了他最后的成功。

你为什么不去试用一下林肯的办法呢？如果你在办事的时候碰到了困难，请不要气馁，你可以想一下，当年的林肯要比你困难得多！林肯竞选国会议员失败后，他告诉他的朋友说："即使失败10次，甚或100次，我也绝不灰心放弃！"

著名心理学家詹姆斯有一段名言，希望你每天清晨都诵读一遍——"年轻人不必烦恼自己所受的教育毫无用处，不论你做什么工作，只要你忠于职责，每天都忙到累了为止，总有一天清晨

□ 办事的艺术 □

醒来,你会发现自己是全世界能力最强的人"。

在求人办事的过程中,如果有永不言败的勇气,那么一切事情都会迎刃而解。

第二节 克服自卑,充满自信

胆识是一种办事的能力

办事并不是一种凭空而起的想法,不能只想想就可以了,它要你脚踏实地,真正地去做。因此,要想办成一件事,对于一般人来说,也许不是很容易,因为你除了要有真正的使命感之外,还需要有胆识。我们常常将胆识与勇敢联系在一起,尽管两者之间有着密切的联系,但勇敢可能更多地表现为生活处于危险境地时而自然产生的非同寻常的个人反应。这种勇敢在我们的生活中可能是永远都无法加以验明的东西;相反,胆识则是我们人人具有、每天都要用到的一种品质,认识到这一点并付诸行动,我们就能在办事方面有很大的进步。

毫无疑问,胆识是一种能力,它帮助我们去做一些我们不明原因的、在本能上感到害怕的事情，这些事情可能是我们每天都会经历的，比如害怕被人嘲笑，害怕失败，害怕意想不到的变化，或是其他什么使我们内心想要退缩的事情。如此一来，尽管我们得到的不是我们内心期待的东西，但它至少是令我们感到舒适并为我们所熟悉的事物。

然而，当我们对周围的一切熟视无睹时，周围的一切却在发生着飞速的变化。我们越来越感到自己不合时宜，这会进一步强化生活中的障碍，使我们心甘情愿地任凭事情自由发展。只有对成功充满自信和激情，并总结经验战胜恐惧时，成功才会出现。

罗伯特·F.肯尼迪曾说："只有敢于面临巨大失败的人才能取得巨大成功。"为了到达目的地，我们常常要运用自己的胆识去处理我们面对的问题，要无所畏惧，并从失败中吸取教训。开展业务，开辟新领域，或是单纯地学习一项新的技术，都需要我们有胆识，胆识来源于坚强的信念——我不仅可以取得成功，而且有取得成功的保障。

如果你是一个商人，假设你现在要开始自己的业务，于是你在办公室里安上了传真机，印好了你的信笺、信封，分发了很多小传单，向潜在的客户送出了上百封的邮件，但一切都是白费工夫。于是你决定把与客户见面当作下一个步骤，无事先接触或没有任何缘由而径自给潜在的客户打电话。问题是你虽然努力去试验了，但你却干不成事，因为每次打电话你都是半途而废。有时即使你

□ 办事的艺术 □

遇到了成功的机会,也会特别紧张,说话不得要领,为自己冒昧的电话而抱歉,无法获得见面的机会。为什么?因为对被人拒绝、被人瞧不起的恐惧使我们退缩。想象中的失败感超出了想象中的成就感。要知道,克服这种恐惧心理所需要的胆识与个人英雄主义没什么两样,它需要毅力、明确的目标、对成功的坚定信念,以及一心致力于目标,无论遇到何种情况都不放弃。

当你对打这类电话感到极为恐惧时,每天先打5个,逐渐增加到50个,直到你解除了自己的心理恐惧,这时你便会发现给客户打电话是一个必要的过程,坚持下去你就能成功。

办事高手应该了解,生活中要战胜的最主要的恐惧是对失败本身的恐惧。失败既然已经发生,就要从中吸取教训,失败并不能证明你会一直走向失败。

我们必须懂得,失败是进步曲线的一个组成部分,失败只是意味着我们做得不对,无论我们做的是什么事。考察一下成功的推销员,那些高销售额的推销员都有一个共同之处,就是在有了六七次接触之后,他们才开始与人约见并卖出产品。这些推销员并不是什么幸运者,他们只是具备了充分的信心和胆识,战胜了被人拒绝的恐惧心理。

如何发现自己的胆识?答案很简单。一心致力于自己的目标,把通向成功的每一步都看成是必要过程的一个组成部分。

第一章　办事的心态

努力消除自卑

很多人在办事时常存在这种心理：既想找别人办事，又怕被对方拒绝；既想在别人面前谈一些自己的观点，又怕被别人耻笑；事先想好了许多话，可一站在对方面前就全忘了，可是事后，从前准备好的那些话却又一一再现，而且思维也开始活跃，这时他们后悔刚才自己为什么如此窝囊。这些心理现象是怎样造成的呢？一般都是自卑感在作祟。

在心理学中，自卑属于性格上的一个缺点。自卑，即一个人对自己的能力作出偏低的评价，总觉得自己不如人，渐渐悲观失望，丧失信心。在社交中，具有自卑心理的人孤立、离群、抑制自信心和荣誉感。当受到周围人们的轻视、嘲笑或侮辱时，这种自卑心理会大大加强，甚至以畸形的形式，如嫉妒、暴怒、自欺欺人等方式表现出来。自卑是一种不健康的心理，是一种消极的心理状态，是实现理想或某种愿望的巨大心理障碍。自卑的人往往都是失败的俘虏、被轻视的对象，严重的自卑心理还可能导致一个人颓废落伍、心灵扭曲。

一个有自卑感的人去办事，必会使办事的质量大打折扣。所以，我们应先从自身出发，找出产生自卑感的原因。比如，平时很少参加社交活动，受这方面的教育和锻炼不足，工作能力不强，有某种生理缺陷、疾病等。认清了这些原因，便有意识地用自己的优势弥补不足，这样，在有意识地进取和锻炼下，会渐渐在办事过程中消除自卑感，产生一种平衡心态。

仔细追究之下，造成自卑心理的原因很多，而且因人而异。

比如说，有的人产生自卑心理的诱因是思想认识方面的，如对自己的期望不高，或者相反，期望过高，不切实际；有的人产生自卑心理的诱因是生理素质方面的，如五官不端正、过胖、过瘦、过矮、口吃、身体有残疾、缺陷，等等；有的人产生自卑心理的诱因是社会环境方面的，如出生在农村、经济条件差、学历低、工作环境不好、家庭或单位的影响，等等；有的人产生自卑心理的诱因是性格气质方面的，如内向、孤僻等；有的人产生自卑心理的诱因是生活经历方面的，如情场失意、当众出丑、被人嘲弄，等等。

可以说自卑感是一种普遍的心理现象，没有自卑感的人几乎是不存在的。所不同的是，有的人只在人生的某一阶段产生自卑感，而有的人，自卑会感贯穿他的一生。

知道了这些之后，人们应该如何挣脱自卑的枷锁呢？下面有几种方法可以一试。

第一章 办事的心态

1. 客观全面地看待事物

有自卑心理的人,总是过多地看重对自己不利和消极的一面,而看不到有利、积极的一面,缺乏客观全面地分析事物的能力和信心。这就要求我们努力提高自己透过现象看本质的能力,客观地分析对自己有利和不利的因素,尤其要看到自己的长处和潜力,而不是妄自菲薄。

2. 在积极进取中弥补自身的不足

有自卑心理的人大都比较敏感,容易接受外界的消极暗示,从而越发陷入自卑中不能自拔。而如果能正确对待自身缺点,把压力变动力,保持奋发向上,就会取得成功,从而增强自信,摆脱自卑。

美国参议员艾摩·汤玛斯小时候一点也不优秀,甚至很自卑,但他最后却克服了自卑而成为著名的参议员。

他16岁时,经常为烦恼、恐惧、自卑所苦。就他的年龄来说,他长得实在太高了,但却瘦得像根竹竿,而且身体很弱,永远无法和其他男孩在棒球场上或田径场上竞争。同伴们开他玩笑,喊他"瘦竹竿"。为此,他十分忧愁、自卑,几乎不敢见人,事实上他也确实很少与人见面,因为他家的农庄距离公路很远,四周全是浓密的

□ 办事的艺术 □

树林。他经常整个礼拜见不到任何陌生人，所见到的人只有他的母亲、父亲、姐姐、哥哥。

每一天，每一小时，他总是在为自己那高瘦虚弱的身体发愁，他几乎无法想到别的事情。他的难堪与恐惧如此严重，几乎难以承受。

他母亲知道他的感觉，她曾经当过学校老师。所以母亲对他说："儿子，你应该接受高深的教育，你应该依靠你的头脑为生，因为你的身体不行。"

由于他父母没有能力送他上大学，他知道自己必须依靠奋斗。因此，有一年冬天，他去打猎，设陷阱，捕捉动物。春天时他把兽皮卖掉，得到了4美元，然后他用那笔钱买了两头小猪。他很精心地照料它们，第二年秋天，他把它们卖掉，得到40美元。带着自己仅有的几十美元，他离家进了"中央师范学院"——位于印第安纳州丹维市。他每周的伙食费是1美元40美分，房租每星期是50美分。他身上穿的是母亲为他缝制的一件棕色衬衫，他也有一套西装，本来是父亲的——父亲的衣服不合他的身。他穿在脚上的那双鞋子也是父亲的，同样不合他的脚——那种鞋子两侧有松紧带，你一拉时，它们就松开，但是父亲那双鞋子的松紧带早已没有弹性，顶端又很松，因此他一走起路来，鞋子差点就从他脚上掉下来。他觉得很不好意思，不敢和其他学生打交道，所以独自坐在房里看书。当时他最大的愿望，

第一章 办事的心态

就是使自己有能力购买一些商店中出售的衣服,既合身也不会让他继续感到难堪。

过了没多久,发生了四件事,帮助他克服了他的忧虑和自卑感。其中一件事给了他勇气、希望和信心,并完全改变了他以后的生活。他把这几件事简单描述了一下。

第一件事:在进入师范学院八周之后,他参加了一项考试,获得一纸"三等证明",使他可以在乡下的公立学校教书。说得更清楚一点,这张证书的期限只有六个月,但它表示有些人对他有信心——这是除了他母亲之外,第一次有人对他表示有信心。

第二件事:一所位于"快乐谷"的乡村学校的董事会聘请了他,每天薪水2美元,月薪40美元。这表示有人对他有信心。

第三件事:在他领到第一笔薪水之后,他在店里买了一些衣服,穿上它们,使他不再觉得羞耻。如果现在有人给他100万美元,他也不会像当初花了几元钱买那些衣服时那样兴奋。

第四件事:他生命中真正的转折点——他在克服忧愁和自卑感的奋斗中第一次胜利了,事情发生在印第安纳州班桥镇举行的一年一度的"普特南郡博览会"上。他母亲鼓励他参加一项公开演说比赛,那项比赛将在博览会上举行。当然,他取得了成功,获得了第一名。

再后来,他从迪保大学获得学士学位之后,他来到一个新地

□ 办事的艺术 □

方——俄克拉荷马州。在基俄革、康曼奇、阿帕奇印第安人的保留区公开放领之后,他也申请了一块土地,并在俄克拉荷马的罗顿市开设了一家法律事务所。他在州参议院服务了13年,在州下议院待了四年,50岁那年,他终于实现了他一生中的最大愿望——当选为美国参议院议员。

想当初,在他穿着父亲的旧衣服以及那双几乎要脱落的大鞋子时,那种烦恼、羞怯、自卑几乎毁了他的一生。所幸的是,他及时从自卑中走出,最后取得辉煌的成就。

求人办事时同样如此,自卑感强的人在办事时比较容易遭受失败,因为很多时候,在他还没开始办事前,就先把自己给否定了。因此,在办事前应对自己和对方多加分析,通过比较找出自信。平时则应多跟人交谈,多参加社会活动,在社会活动中充实自己,使自己树立起自信心,培养良好的心理素质。

挺直腰杆办大事

挺直腰杆即为不卑不亢。在求人办事中存在一个态度与姿态问题。这态度与姿态又总是与身份、地位、角色和自身的个性息息相关,通常情况是身份较高、地位较高的人容易表现出高

第一章 办事的心态

傲的情绪，这种情绪是不易为他人所接受的，一旦地位或角色发生了变化，他们便在这种落差中尴尬起来。还有另外一种人，他们出身贫苦、职位低下或性格懦弱，常常表现出自卑落魄的姿态，这种姿态令人轻蔑和瞧不起，致使很多人不屑于与之为伍。以上这两种处世态度，一者为亢，一者为卑，两者都不利于人际关系的正常发展。可以说，这两种态度是办事的大敌，这样不仅会造成彼此相处的心理障碍、精神障碍，而且也给办事气氛笼罩了一片乌云，使彼此相处不愉快、不和谐、不融洽。一般而言，人们大多喜欢在彼此平等的正常状态下进行交往。由"卑"或"亢"所产生的距离和办事的鸿沟，使彼此无法构建友谊的桥梁。所以，在求人办事中应该保持最良好的态度是不卑不亢，要挺直腰杆去办事。

很多人不是因为别人看不起而垂头丧气，而是因为自己经常贬低自己，所以变得无精打采，毫无斗志。这些人失败在于自己身上存在的缺点和毛病上。如果你认为自己满身缺点和毛病，如果你自认为是一个笨拙的人、一个经常面临不幸的人，如果你承认你绝不能取得其他人所能取得的成就，那么，你只会因为自我贬低而失败。

有这样一个童话故事，说有一只黄鹂鸟，生着一副极好的歌喉，

□ 办事的艺术 □

但就是胆子小，不敢在大家面前唱歌。黄鹂鸟也知道自己的缺点，于是它便去寻找有学问的伙伴，向它们求教如何才能把胆子练大。黄鹂鸟先后找了老乌龟、猫头鹰、长颈鹿，直到找到了老松鼠。可是每个伙伴都让它先唱一首歌来听听，然后再帮助它。为了求到胆大的学问，黄鹂鸟找到老松鼠的时候，它已经可以当着所有伙伴的面唱歌而不会感到丝毫胆怯了，于是老松鼠对它说："你已经找到了把胆子练大的方法了。"

　　这个故事所说的，其实就是一种自信。黄鹂鸟虽有一副好歌喉，但因缺乏自信，不敢在大家面前唱歌，等到它找到了自信，就不仅敢唱，同时也得到了动物们的喜欢和尊重。李白诗中有这么一句话，"安能摧眉折腰事权贵，使我不得开心颜"。如果面对"权贵"心生畏惧而自卑，那么你就不可能使自己办事时大方果断起来，能办的事也难以办成。所以，我们在平时就应该摆正自己的位置，只要我们将心理上的那份胆怯收起来，充分显示出自己的自信，就会在办事过程中游刃有余。

第二章 办事的规则

□ 办事的艺术 □

第一节 欲取先予：肯舍才能"得"以成事

懂得先"舍"，然后才会有"得"

一艘超载的轮船是无法安全到达彼岸的。一个人的时间和精力有限，必须懂得放弃，才能得到自己最想要的东西。

第二次世界大战的硝烟刚刚散尽时，以美、英、法为首的战胜国首脑们几经磋商，决定在美国纽约成立一个协调处理世界事务的联合国。

一切准备就绪之后，大家才蓦然发现，这个全球至高无上、最权威的世界性组织，竟没有自己的立足之地。

想买一块地皮，刚刚成立的联合国机构还身无分文；让世界各国筹资，牌子刚刚挂起，就要向世界各国搞经济摊派，负面影响太大。

第二章 办事的规则

况且刚刚经历了世界大战的浩劫,各国政府都财库空虚,许多国家财政赤字居高不下,要在寸土寸金的纽约筹资买下一块地皮,并不是一件容易的事情。联合国对此一筹莫展。

听到这一消息后,美国著名的财团洛克菲勒家族经商议,果断出资870万美元,在纽约买下一块地皮,将这块地皮无条件地赠予了这个刚刚挂牌的国际性组织——联合国。同时,洛克菲勒家族亦将毗邻这块地皮的大面积地皮全部买下。

对洛克菲勒家族的这一出人意料之举,当时许多美国大财团都吃惊不已。870万美元,对于战后经济萎靡的美国和全世界,都是一笔不小的数目,而洛克菲勒家族却将它拱手赠出,并且什么条件也没有。这条消息传出后,美国许多财团主和地产商纷纷嘲笑说:"这简直是蠢人之举!"还有人纷纷断言:"这样经营不出10年,著名的洛克菲勒家族财团便会沦落为著名的洛克菲勒家族贫民集团!"

但出人意料的是,联合国大楼刚刚建成完工,毗邻地块的价格便立刻飙升起来,相当于捐赠款数十倍、近百倍的巨额财富源源不尽地涌进了洛克菲勒家族财团。这种结局,令那些曾经讥讽和嘲笑过洛克菲勒家族捐赠之举的财团和商人们目瞪口呆。

这是典型的"因舍而得"的例子。如果洛克菲勒家族没有做出"舍"的举动,勇于牺牲和放弃眼前的利益,就不可能有"得"的结果。放弃和得到永远是辩证统一的。然而,在现实中,许多

□ 办事的艺术 □

人却执着于"得",常常忘记了"舍"。要知道,什么都想得到的人,最终可能会为物所累,导致一无所获。

其实,人生要有所得必会有所失,只有学会舍弃,才有可能登上人生的高峰。

你之所以举步维艰,是你背负太重;你之所以背负太重,是你还不会放弃。你放弃了烦恼,便与快乐结缘;你放弃了对名利的执着,便步入了超然的境地。

先予后取,以诚动人

"先予后取"看似自己退一步,实际上是靠给对方一些利益而让对方帮自己一把,从而清除生意场上障碍的做法。这样一来,互惠互利,双赢双喜。

曾宪梓幼时家贫,1968年全家移居香港。初到香港时,曾宪梓两手空空,生活艰难,于是萌发了创业的想法。

他认真研究了香港的市场状况后发现,来自法国、意大利、美国等国家的名牌领带开始进攻香港市场,且大有泛滥之势。

而拥有几百家服装厂又很喜欢穿西服的香港人,却没有一家比较正规的、设备先进的领带工厂,更谈不上什么名牌产品。这不正是创业的好机会吗?

于是,胆识过人的他决定开港产名牌领带的先河。他拿出平时

第二章　办事的规则

省吃俭用积攒的6000港元，腾出自家租住的房子，与夫人黄丽群一道，靠一把剪刀办起了领带生产厂，开始了艰苦的创业历程。

领带是做出来了，如何卖出去呢？曾宪梓想到了一个办法，他将自己做的领带和从商场买回来的名牌领带混在一起，拿着这些领带去找瑞兴百货公司的何经理。何经理仔仔细细比较后，竟然分辨不出来。

曾宪梓看了何经理的神情，心里非常兴奋，表面上却不动声色，然后建议何经理订购自己的领带。

何经理问："多少钱一打？"

曾宪梓开价："60港元。"

何经理一惊，问道："港产领带最贵的才卖42港元，哪有这么高价钱的？"

曾宪梓对自己的领带非常有信心，他说："那不如这样吧，我把领带交给你代销，卖出去以后再结账。"

不到一个礼拜，何经理便给曾宪梓打来电话说："老曾，赶快再送四打来，上次拿来的卖完了，你快来收钱吧！"

从此，曾宪梓的领带一举打入市场。"金利来"很快就在香港小有名气。

"欲取之，先予之"，曾宪梓让代销方零投入销售，实际上却利用了代销方的渠道，从而成功地进入了市场。

□ 办事的艺术 □

在未取得别人信任的情况下，先予后取，可得到前进路上的垫脚石，又能让对方对自己产生信任。不过，对于那些对自己的商品缺乏自信的商家，这一招就要慎用了。

学会分享，广结善缘

人与人之间的交往很大程度上都会有舍有得。尤其是在生意场上，独木不成林，合作是必然的。一个人赚到一点钱，不能吃独食，让别人也沾光赚钱，其实这也方便了自己。

深圳有一个农村来的妇女，她没什么文化，刚到深圳时只能给人当保姆，攒了点钱后就在街边摆摊卖胶卷，一卷胶卷赚一角。她认死理，一卷胶卷永远只赚一角。现在她开了一家摄影器材店，生意越做越大，还是一卷胶卷赚一角。市场上别人的柯达胶卷卖23元，她卖16元1角，批发量大得惊人，深圳搞摄影的人没有不知道她的。外地人的钱包丢在她那儿了，她花了很多长途电话费才找到失主；有时候算错账多收了人家的钱，她心急火燎地找到人家还钱。听起来像傻子，可她赚的钱很多，在深圳，再厉害的摄影器材商，也得乖乖地去她那儿拿货。

别人尝到甜头，自然会继续和你合作。若你一心想谋利，别人得不到任何好处，怎么还会继续和你来往？没有了来往，没有了合作方，还谈什么赚钱呢？

有这么一个故事，深刻地说明了这个道理。

第二章　办事的规则

在一个小镇上，有两个富翁先后去世了。一个富翁下葬时，大家都去送行，而另外一个富翁的葬礼却冷冷清清。

一个外地人正好路过这里，看了两个人的葬礼后感慨地说："一个人生前的好坏从死后也能看出来。"

小镇上的一个老先生笑了，说："先生，那你认为哪个是好人，哪个是坏人呢？"

外地人说："这还用问，自然是大家都去送行的那个是好人了。"

老先生说："这要看好坏的标准怎么定了。大家都去送的那个富翁花天酒地，吃喝嫖赌都干，可是大家都从他手中得到过好处，他照顾过大家的生意，大家都从他那里赚到了钱，我也拿过他给我的很多小费；而另一个富翁呢，虽然富有，可从来不乱花钱，自己很节俭，吃饭、穿衣都很小气，连擦皮鞋的小贩都赚不到他的钱，谁能说他好呢？谁还会去送行呢？"

做生意最讲究人气，门庭若市就是旺铺，就能发财。因此，让别人也赚到钱，实则是树名头、立威信、结人缘的好办法，有了上述这些条件，何愁没有生意上门？

愿意吃亏，才有长久的合作

有些时候，糊涂处世，主动吃亏，山不转水转，也许以后还有合作的机会，又走到一起。若一个人处处不肯吃亏，则处处必

□ 办事的艺术 □

想占便宜，于是妄想日生，骄心日盛。而一个人一旦有了骄狂的态势，难免会侵害别人的利益，于是便起纷争，在四面楚歌之中，又焉有不败之理？"吃亏"也许只是指物质上的损失，但是一个人的幸福与否，却往往取决于他的心境如何。如果我们用外在的东西，换来了心灵上的平和，那无疑是获得了人生的幸福，这便是值得的。

不少好朋友抑或事业上的合作伙伴，由于种种原因，后来反目成仇了，双方都搞得很不开心，结果是不欢而散。

有个人却不一样，他与朋友合伙做生意，几年后一笔生意让他们将所赚的钱又赔了进去，剩下的只有一些值不了多少钱的设备。他对朋友说："全归你吧，你想怎么处理就怎么处理。"留下这句话后，他就与朋友分手了。有风度，而没有相互埋怨，这叫"好合好散"。生意没了，人情还在。

有人问李泽楷："你父亲教了你一些怎样成功赚钱的秘诀吗？"李泽楷说，赚钱的方法他父亲什么也没有教，只教了他一些做人的道理。李嘉诚曾经这样跟李泽楷说，他和别人合作，假如他拿七分合理，八分也可以，那么拿六分就可以了。

李嘉诚的意思是，吃亏可以争取更多人愿意与他合作。你想想看，虽然他只拿了六分，但现在多了100个合作人，他现在能拿多少个六分？假如拿八分的话，100个人会变成五个人，结果是亏是赚可想而知。李嘉诚一生与很多人进行过或长期或短期的

第二章　办事的规则

合作，分手的时候，他总是愿意自己少分一点钱。如果生意做得不理想，他就什么也不要了，宁愿自己吃亏。这是种风度，是种气量，也正是这种风度和气量，才有人乐于与他合作，他的生意也才越做越大。所以李嘉诚的成功更得力于他的恰到好处的处世交友经验。

吃亏是福，乃智者的智慧。不管你是做老板也好，还是做合作伙伴也罢，旁边的人跟着你有好日子过、有奔头，他才会一心一意与你合作，跟着你干。

有人与朋友一旦分手，就翻脸不认人，不想吃一点亏，这种人是否聪明不敢说，但可以肯定的是，一点亏都不想吃的人，只会让自己的路越走越窄。让步、吃亏是一种必要的投资，也是朋友交往的必要前提。生活中，人们对处处抢先、占小便宜的人一般没有什么好感。爱占便宜的人首先在做人上就吃了大亏，因为他从来不为别人考虑，眼睛总是盯着他看好的利益，迫不及待地想跳出来占有它。他周围的人对他很反感，合作几个来回就再也不想与他继续合作了。合作伙伴一个个离他而去，这不就是吃了人亏吗？

据说有个卖砂石的老板，没什么文化，也绝对没有背景，但生意却出奇的好，而且多年长盛不衰。说起来他的秘诀也很简单，就是与每个合作者分利的时候，他都只拿小头，把大头让给对方。如

□ 办事的艺术 □

此一来，凡是与他合作过一次的人，都愿意与他继续合作，而且还会介绍一些朋友，再扩大到朋友的朋友，也都成了他的客户。人人都说他好，因为他只拿小头，但所有人的小头集中起来，就成了最大的大头，他才是真正的赢家。

"吃亏是福"不是句套话，尤其是关键时候要有敢于吃亏的气量，这不仅会体现你大度的胸怀，同时也是做大事业的必要素质。把关键时候的亏吃得淋漓尽致，才是真正的赢家。

第二节 情感开道：以心交心赢得好人缘

真诚换真心

美国心理学家诺尔曼·安德林在1968年曾设计过一张表，列出555个描写人的形容词，让人们指出其中哪些人品最为人喜爱。结果表明，被人喜欢的选项中，位居前几位的竟有六个是与真诚有关的，而在评价最低的人品中，虚伪居于首位。这说明了真诚的人能让人产生一种安全感，从而受人欢迎；虚伪的人让人讨厌，难结良友。

现代社会是一个发展迅速、竞争激烈、优胜劣汰的社会，不

第二章 办事的规则

少人有社交的强烈愿望，却喜欢把自己封闭起来。其实，与人交往时我们也主张有颗戒备心，但对你相识的、基本可以信赖的朋友，应多一点真诚。如果我们互相戒备，见面只说"三分话"，这谈不上是正常的交往，又何以能够推心置腹、以诚相待呢？因此要想得到知心的朋友，首先得敞开自己的心怀，要讲真话、实话，不遮遮掩掩、吞吞吐吐，以你的坦率换得朋友的赤诚和友爱。正如谢觉哉在一首诗中写道："行经万里身犹健，历尽千艰胆未寒。可有尘瑕须拂拭，敞开心扉给人看。"

翻译家傅雷说："我一生做事，总是第一坦白，第二坦白，第三还是坦白。绕圈子，躲躲闪闪，反易叫人疑心，你要手段，倒不如光明正大，实话实说，只要态度诚恳、谦卑、恭敬，无论任何人都不会对你心存偏见。"由此可见，真诚是栽培友谊花朵的营养素，是美化社交环境的主色调。知无不言，言无不尽，以自己开阔、大度、实在、真诚的言行打开对方心灵的大门，并在此基础上并肩携手，合作共事。

现代心理学证明，人的思想深处既有内隐闭锁的一面，又有希望获得他人的理解和信任的一面。我们总是定向地对自己的知心朋友袒露热诚，进行思想感情的交流和心灵的互动。其实，除我们的隐私之外，许多东西皆可向人倾诉，没有隐瞒的必要，朋友可在你的诚实中感受到你的可信。

真诚的本质就是一种坦荡、诚恳的发自内心的待人接物的态

□ 办事的艺术 □

度,它的内涵不限于说真话,重要的是一种内在的品质。

一个人想在事业上飞黄腾达就必须有过人之处,就应该胸怀坦荡,光明磊落,以诚信为本,做一个正直的创业者。

坦荡磊落,本于正,本于诚。坦率诚挚的准则是公正,而正直的保证又是坦诚。在公正忠诚基础上的直言劝谏才能方正而不生硬,直率而不放肆,有棱角而不伤害人;诚信更是交友的基本原则,只有常怀一颗真诚的心,才能充分地扩展人际合作关系,才会点旺人气,为将来的事业打下基础。

唐武则天时,狄仁杰应召回京,被任命为宰相,与当朝宰相娄师德共同辅政。他并不知道自己是娄师德全力推荐的,相反他总觉得娄师德从中作梗,甚至怀疑前一段时间自己所遭受的不公正也与娄师德有关。因此,他常在武则天面前指责娄师德的不是,对此武则天大为不解。

终于,有一次,她问狄仁杰:"娄师德究竟品行如何?"

狄仁杰嘲讽道:"他带兵戍边时有过功劳,其品行好不好我不便说。"

"那么他有没有发现和举荐人才的能力?"武则天问。

"我和他一起共事,没感觉出他有此能力。"狄仁杰回答说。

这时,武则天拿出一张东西给他看,看完后,狄仁杰不禁面红耳赤,原来那是娄师德举荐自己的奏折。

第二章 办事的规则

狄仁杰感叹道:"娄师德肚量这么宽厚,待人如此真诚,我还处处疑心于他,真是惭愧之至。"

此后他主动接近娄师德,两人的关系日渐密切,同心同德,共同辅政,相处得很好,而且这对狄仁杰以后的为人有很大的影响。

可见,人与人交往需要一颗真诚之心。立身处世刚正不阿,与人办事真心真意,言之有理,行之有节,是人际交往的基本点。假如心口不一、见风使舵、阳奉阴违、两面三刀,就不是真诚的态度,是不利于交际的。只有袒露自己真诚的胸怀,才能在社交场合左右逢源;与你的挚友以心换心,肝胆相照,才能为你的事业开拓崭新的未来。

以自己的真情赢对方的"回报"

真诚是相互的,你真心实意地对人付出热情,对方就会把你当成真正的朋友,并以他的真诚作为回应。

《太阁记》是日本历史上的名将丰臣秀吉的传记,其中有一段极有趣的插曲是"短矛和长矛比赛的故事"。

有一天,丰臣秀吉的主公信长有一位专教矛术的武师,他主张作战时短矛较有利,但是丰臣秀吉却力说在战场上使用长矛更加有利,二者争执不下,互不相让。于是信长各派一小队士兵给武师和

□ 办事的艺术 □

秀吉二人，交代他们各训练三天后举行一场比赛，用以证明长矛短矛何者更有利。那一位矛术大师从第一天起就对部下士兵施以严厉的训练，开口闭口就是：

"这个地方不对，那个地方不对。"

"那种刺法，违反了矛术原则。"

"用力刺，再用力刺！"

最后甚至说："你们这些士兵就是缺乏武术的涵养，真是不成材的无能东西……"

就这样，他不停地数落士兵们的缺点，第二天、第三天也是同样的严格训练，使士兵们身心俱感疲乏不堪。

"管他什么鬼比赛，输赢对我们来说有什么关系，比赛时只要随便比画两下，应付应付就好。我们安分地做自己的小兵吧！每天如此严厉的训练，怎么吃得消？"

武师手下的士兵们已然完全丧失了斗志。

秀吉这一方面如何呢？第一天，他先恳请部下的士兵们通力合作，然后说："长话短说，大家先来开怀畅饮，预祝我们旗开得胜。"

于是秀吉大摆筵席，他夸奖士兵们臂力强大、体格魁梧……每个人都鼓励了一番。

第二天也是大略训练了一下，就解散了。在解散之前，秀吉依然是重重地犒劳了士兵们一番，一边喝酒，一边告诉他们说："在战场上，矛不只是用来刺人的，你们可以任意挥舞，打敌人的脚，

第二章 办事的规则

刺敌人的胸膛，打得敌人翻滚在地，只要达到目的，任何用法都可以。"

第三天仍是简单地做了一会儿练习，秀吉鼓舞激励大家说："大家再喝一杯，好好恢复体力，明天的比赛一定可以获胜。"

三天以来，士兵们天天吃的是山珍海味，体力充足，精神百倍，秀吉又如此热情地鼓舞、关心他们，于是他们每个人在心中都暗暗发誓，非替秀吉打个胜仗不可。

第二天比赛的结果，不用说，秀吉这一队获得大胜。

真诚对人其实是从一些小事上开始的，把别人的事多放在心上，不要总是对那些微不足道的小事情漠不关心。

罗斯福总统为什么能受到那么多人的喜爱，就是因为他总是真心实意地对他们表示关心。

有一天，一位黑仆的妻子问罗斯福：

"鹌鹑是一种什么鸟？"

总统非常亲切、详细地解说有关鹌鹑的一切给她听。过了不久，总统打了个电话到仆人的家里，告诉仆人的妻子：

"现在刚好有鹌鹑在窗外，你赶快过来站在窗户边看看。"

真诚对人还要经常留意他人的兴趣爱好。

不论什么时候，只要你看到与某人的特殊兴趣有关的文章，你都可以把它剪下来或者复印一份，然后送给有关的人。这是与人保持交往的一种极好的方式，而不要仅在你需要获得某种帮助时才打电话给他，没有什么比这样更糟了。当你送给他们一些感兴趣的内容时，你可以在需要某些帮助的时候直接打个电话。他们将会记住是你送给他们的剪贴文章，也许他们还会向你表示"我能为你做些什么呢"。

总之，真诚是相互的，要获得朋友的诚心就要主动献上自己的一份诚挚的关怀。

善解人意，真诚理解

人生得一知己是幸运的，许多事不必说他就能心领神会。知己深知你心中的每一根琴弦和音调，在你刚刚弹出第一个音符的时候，他已经知道了整个乐曲的内容。这就是历史上高山流水的美谈，这就是白居易"同是天涯沦落人，相逢何必曾相识"的感叹。

生活本来就充满矛盾，这是人与人之间产生误解和隔阂的根源，是通向友谊王国的"拦路虎"。与真心朋友交往就要给对方多一些理解，多站在别人的立场和角度来为他着想，这也就是所谓的"穿朋友的鞋子"。

古人说："同师曰朋，同志曰友。"《世说新语》里记载，管宁和华歆同席读书，同师教导，其朋友之情有多深厚，不得而知，但割席绝交是一件极其让人痛心的事。古代圣贤讲究君子安贫乐道，耻言富贵，管宁割席的缘由正是华歆有崇尚富贵之嫌。人们历来赞赏管宁的品节高尚，但从社交之道来看，管宁就因为一点点"富贵之嫌"，就无丝毫规劝，轻而易举地"废"掉了在人生占重要地位的友谊，这够朋友吗？

其实，管宁对朋友似乎太苛刻了，他们之间缺乏正直的理解和体谅。实际上，人各有志，人各有异。朋友之间是一个个独立的个体。再者，世界也是绚丽多彩的，事物也是复杂多样的，所以人的思想和见解不可能统一在同一个水平线上。有人爱吃饭，有人爱吃菜；有人爱喝茶，有人爱喝咖啡；有人喜欢跳舞，有人喜欢武术。所以我们交友不一定得要求别人各个方面都完全符合自己，我们只要取其志同道合、情投意合这一两点，就可以与他成为朋友，最后发展为知己。

多站在对方的立场上看问题。这是成功学大师卡耐基曾总结出的一条重要的交际经验。因为人们在交流中，分歧总占多数。卡耐基希望缩短与对方沟通的时间，消除差异，提高会谈的效率，为此，他苦恼了好久。直到有人给他讲了一个故事——犯人的权利，他才从中领悟到这条交际原理。

据说，某犯人被单独监禁。有一天，他忽然嗅到了一股万宝路香烟的香味。于是，他走过去，通过门上一个很小的缝隙口，看到走廊里有个卫兵深深地吸了一口烟，然后美滋滋地吐出来。这个囚

□ 办事的艺术 □

犯很想要一支香烟，所以，他用手客气地敲了敲门。

卫兵慢慢地走过来，傲慢地喊："你怎么啦？"

囚犯回答说："对不起，请给我一支烟……就是你抽的那种万宝路。"

卫兵认为囚犯是没有这个权利的，所以他用嘲弄的神态哼了一声，就转身走开了。这个囚犯却不以为然，他认为自己有选择权，他愿意冒险检验一下自己的判断，所以他又敲了敲门。这回，他的态度是威严的，和前一次明显不同。

那个卫兵吐出一口烟雾，恼怒地转过头问道："你又想干什么？"

囚犯回答道："对不起，请你在30秒之内把你的烟给我一支。不然，我就用头撞向这混凝土墙，直到弄得自己血肉模糊，失去知觉为止。如果监狱当局把我从地板上弄起来，让我醒过来，我就发誓说这是你干的。当然，他们绝不会相信我。但是，想一想你必须出席每一次听证会，你必须向每一个听证委员证明你自己是无辜的，想一想你必须填写一式三份的报告，想一想你将卷入的麻烦事吧——所有这些都只是因为你拒绝给我一支劣质的万宝路！就一支烟，我保证不再给你添麻烦了。"

最后，卫兵从小窗里塞给他一支烟。为什么呢？因为这个卫兵马上明白了事情的得失利弊。

这个囚犯看穿了卫兵的弱点，因此达成了自己的目的——获得一支香烟。

卡耐基通过这个故事想到自己：如果自己能站在对方的立场上看问题，不就可以知道他们在想什么、想得到什么、不想失去什么了吗？仅仅是转变了一下观念，学会站在对方的立场上看问题，卡耐基就立刻获得了一种快乐———一种发现真理的快乐。

怎样做到善解人意呢？你必须保持对对方"同感"的理解，其实这也是一种说话技巧。所谓"同感"就是对于对方所说的，表示自己有类似的想法和经历。比如，吴倩以十分认真的语调告诉她的好朋友李蓉，她想离婚。李蓉不去问她为什么，也不板起脸孔说教一番，而是说："是啊，我曾经也有过同样的想法，但是后来发生了一件事，使我打消了这个念头……"结果吴倩就轻松地谈起了她的烦恼与苦闷。李蓉边听边点头，表示理解和关注。后来吴倩不但再也不提离婚的事情，而且夫妻关系也比之前更加和睦。她和那位善解人意的李蓉的友谊越来越深了。

要想与人进行情感沟通，就要注意对方的感受。当对方对某一事物表露出一种情感倾向时，你就要对他所说的这件事表达同样的感受，而且要激烈一些，于是你们就谈到一起了。

真诚理解是友谊的纽带，是成为知己朋友的情感基础，我们不必将其看得过于高深。理解就在你的身旁，理解就在每天琐碎的日常生活当中，而我们能做的，只是在人际交往中，设身处地地多为他人着想。

□ 办事的艺术 □

第三节 互惠互利：通向成功的共赢策略

互惠互利，持续良好交往的保证

在第一次世界大战中，有一队德国特种兵的任务是深入敌后去抓俘虏回来审讯。

当时打的是堑壕战，大队人马要想穿过两军对垒前沿的无人区，是十分困难的。但是一个士兵悄悄爬过去，溜进敌人的战壕，相对来说就比较容易了。参战双方都有这方面的特种兵，经常派去抓一个敌军的士兵，带回来审讯。

有一个德军特种兵以前曾多次成功地完成这样的任务，这次他又出发了。他很熟练地穿过两军之间的地域，出乎意料地出现在敌军战壕中。

一个落单的士兵正在吃东西，毫无戒备，一下子就被缴了械。他手中还举着刚才正在吃的面包，这时他本能地把一块面包递给对面突然而降的敌人。这也许是他一生中做得最正确的一件事了。

面前的德国兵忽然被这个举动打动了，并导致了他做出一个奇特的决定——他没有俘虏这个敌军士兵回去，而是自己回去了，虽然他知道回去后上司会大发雷霆。

这个德国兵为什么这么容易就被一块面包打动了呢？人的心

第二章 办事的规则

理其实是很微妙的。人一般有一种心理，就是得到别人的好处或好意后，就想要回报对方。虽然德国兵从对手那里得到的只是一块面包，或者他根本没有要那个面包，但是他感受到了对方对他的一种善意，即使这善意中包含着一种恳求。但这毕竟是一种善意，当对方很自然地表达出来时，在一瞬间打动了他。他在心里觉得，无论如何不能把一个友善的人当俘虏抓回去，甚至要了他的命。

其实这个德国兵不知不觉地受到了心理学上"互惠原理"的左右。这种得到对方的恩惠就一定要报答的心理，就是"互惠原理"，这是人类社会中根深蒂固的一个行为准则。

著名的考古学家理查德·李凯认为，人类之所以成其为人类，互惠原理功不可没。他说："我们人类社会能发展成为今天的样子，是因为我们的祖先学会了在一个以名誉作担保的义务偿还网中，分享他们的食物和技能。"正是由于有了这样一张"网"，才会有劳动的分工和不同商品的交换。互相交换服务使人们得以发展自己在某一方面的技能，并成为这方面的专家和能手，也使得许多互相依赖的个体得以结合成一个高效率的社会单元，从而推动了社会的进步。

互惠原理是人类社会永恒的法则，它是各种交易和交往得以存在的基础。我国古代讲究的礼尚往来，就是互惠原理的一种表现。人与人之间的互动，就如坐跷跷板一样，不能永远固定某一端高，而是要高低交替。一个永远不肯吃亏、不肯让步、不与别

□ 办事的艺术 □

人互惠的人，即使真正赢了，讨到了不少好处，从长远来看，他也一定是输家，因为没有人愿和他玩下去了。

互惠原理是与人持续良好交往的保证，是不可缺少的一门艺术。所以，如果一个人帮了我们一次忙，我们也应该帮他一次；如果一个人送了我们一件生日礼物，我们也应该记住他的生日，届时也给他买一件礼品；如果一对夫妇邀请我们参加了一次聚会，我们也一定要记得邀请他们来参加我们的聚会……

不让别人赢，可能你也会输掉自己

很多人对于输赢的看法都是绝对化的，非此即彼，自己赢便代表其他所有人都得输。运动场上非赢即输的角逐、学习成绩的分布曲线不断向我们灌输"永争第一名"的思维方式，于是我们便通过这副非赢即输的眼镜看人生，只为了争一口气，一辈子拼个你死我活，却从来不曾想到通过合作的手段，能让彼此得到更大的利益。

人生处处布满险滩，有人稍不留意，就会陷入危险之中。许多人由于盲目的自我意识或是自大，从而错误地估计自己，认为自己天下第一，不屑于与他人合作，做任何事都是我行我素。在家里，不跟自己的父母、妻子、儿女商量，在单位，不跟自己的同事、上司商量。这类人迟早有一天会懊悔地喊一声："我怎么会放弃与他人合作呢？"

第二章　办事的规则

　　一个人的能力毕竟是有限的，坚持以自己的力量达到目的固然是正确的，但是一味地、保守地坚持自己的意见，则不可避免地要失败。每个人都有自己的优势和特长，适当地互相联合起来也许会达到极致的效果。

　　公平、和谐的合作，可以激发生命中的潜能。在集体中的合作，可以增强你的自信心，提高你的处世能力，消除你的消极心态，使你能正确地面对人生。因为人是文明的人、有情感的人，一个人离开合作将一事无成。即使一个人跑到荒郊野外去隐居，远离人类文明，他也依然需要合作，因为他要依赖自身以外的力量生存下去。"一个人越是成为文明的一部分，就越需要依赖合作中的努力。"

　　曾经有一个房地产商人，也是一位戏剧爱好者，他不顾亲朋的反对，毅然选择一处并不热闹的地区，兴建了一所高水准的剧院。

　　剧院开幕之后，非常受欢迎，并带动了周围的商机。附近的餐馆一家接一家地开张，百货商店和咖啡厅也纷纷跟进。

　　没有几年，剧院所在的地区便成为商业繁荣地带。

　　"看看我们的邻居，一小块地，盖栋楼出租就能得到那么多的钱，而你用这么大的地，却只有一点剧院收入，岂不是吃大亏了吗？"那商人的妻子对丈夫抱怨，"我们何不将剧院改建为商业大厦，也做餐饮百货，再分租出去，单单租金就比剧场的收入多几倍！"

□ 办事的艺术 □

　　那人也十分羡慕别人的收益，便将自己的剧院停业，又去银行贷得巨款，改建商业大楼。

　　不料楼还没有竣工，邻近的餐饮百货店纷纷迁走，更可怕的是房价下跌，往日的繁华又不见了。而当他与邻居相遇时，人们不但不像以前那样对他热情奉承，反而露出敌视的眼光。面对现实的境况，那人终于醒悟：是他的剧院为附近带来繁荣，也是繁荣改变了他的价值观，更由于他的改变，又使当地失去了繁荣。

　　世界上的事物都是互相联系、互为因果的，我们谁也不可能孤立存在，更不可能孤立地干成一件事。比如说，人们常因建设自己而造就别人，又因别人的造就而改变自己。在这种改变中，你如果不让别人赢，可能你也会输掉自己。

　　我们应当看到，"赢"的真正意义是实现目标，而不是两个对立的双方争个你死我活，分出上下高低，所以若用合作代替竞争，便能在有效的时间或较短的时间里达成更多的目标，甚至有意想不到的收获。

　　成功的人大多数都有与人合作的意识，因为他们知道个人的力量是有限的，只有依靠大家的智慧和力量才可能办成大事。合作能使家庭幸福，领导魅力有赖于合作，合作可加速成功，合作可以帮人渡过生命的险滩。

第二章　办事的规则

共同利益是消除隔阂的桥梁

一般而言，在求人办事的过程中，求人者处于不受欢迎的地位。那么，什么可以作为消除隔阂、沟通关系的桥梁呢？那就是共同利益。如果获悉对方的利益所在，采用"明修栈道，暗度陈仓"的方法，使求人的过程变成寻求共同利益的过程，肯定会收到良好的效果。

张武是一家公司的人力总监。一天早上，一名年轻有为的员工走进他的办公室，对他说刚接到一家大公司的录用通知，这家公司承诺提供更好的待遇和福利。这位员工希望张武在他离职之前能够安排好接替的人选。

张武知道，那家公司是用高薪水来撬动这个年轻人的心，这种级别的薪水自己的公司拿不出来，再说以目前这位年轻人的职位和对公司的贡献，还不值得投这个"资"。不过考虑到这位年轻人今后对公司的作用，张武开诚布公地与他进行了交谈。

他首先答应可以将年轻员工的薪金略微提高。他指出，以年轻人目前在公司的职位，将来的升迁潜能很大。虽然目前本公司所提供的薪金与别的公司相比要低一些，但公司对它的每一位成员都不会亏待。如果年轻人能胜任当前的工作，那么根据公司的奖励制度，薪金就会逐年调高。

接着，他语气一转，认为年轻人考虑要接受的那份工作实际上

□ 办事的艺术 □

是死路一条。虽然那家公司愿意提供更高的薪水，不过，如果他接受那家公司的工作，那么他将来在那家公司的职位，将很难有机会继续提升。这并非说明他能力不足，而是这一新的职位将来并没有升迁机会。他继续告诉年轻人，他想加入的那家公司是个家庭企业，管理层成员大多沾亲带故，一个外人很难打入权力核心。

张武这一番语重心长的话让年轻人似有所悟，他也知道张武并不是开空头支票，因为张武说的都在情在理，都是符合实际的。几天以后，这位年轻员工又回到了张武的办公室，告诉他自己已经放弃了新的工作，决定仍然留在公司里。

张武在同年轻员工的这次交谈中，能够说服年轻有为的员工留下来，基本上就是采用了开诚布公的方法，分析年轻员工去与留中的利弊得失。既有"软"手段，承诺加薪，描绘美好前景；又有"硬"手段，指出跳槽的短期风险和长期风险。由于他态度中肯，且又语中要害，虽然没有满足年轻员工眼下的种种额外要求，但还是达到了挽留年轻员工继续为公司服务的目的。

所以，如果你需要一个支持者或者同盟的帮助，不要提醒他你在过去曾经给予过他什么帮助，也不要让他想起你的那些感人事迹。如果那样，他会想尽办法忽视你、躲避你。相反，在必要的时候，揭露一些你要求中的真相，你将会给他们带来什么好处，并且在所有的表达中刻意将这一点强调出来。当他从中看到了自己可能获得的一些利益时，他就会热情地回应你。

走共享共赢之道

21世纪是一个全球一体化的共赢时代，合作已成为人类生存的重要手段。科学知识向纵深方向发展，社会分工越来越精细，人不可能再成为百科全书式人物。每个人都要借助他人的智慧完成自己人生的超越，所以这个世界既充满了竞争与挑战，又充满了合作与快乐。

有些人认为只要有利可图就是"赢"，手段可以忽略不计。为了能"赢"，有些人千方百计损害他人利益。但这种耗尽人力物力、顾此失彼的"赢"不叫"赢"，而叫"输"。共赢观念无疑改变了传统思维中那种你死我活的残酷的竞争意识。如今，有些人已深知要以良好合作、共同获利作为互补共赢的生存主题。"胜者为王，败者为寇"成了一种格格不入的思想，因为战场上的败者，总会想方设法把战胜过他的人拉下马，让其成为更大的败者。与其如此，何不走利益共享之道呢？

著名学者史蒂芬·柯维曾说："两个人之间，相互妥协是1+1=1，各自为政是 1+1=1/2，集思广益是 1+1=3。"他说共赢精神可以产生个人以前无法产生的效益，甚至比个体效益的总和还要大。

我们常听到这样一句话，"世界上没有完美的个人，只有完

□ 办事的艺术 □

美的团队"。

如果注重合作共赢，众志成城，就能以最小的代价，获取最大的成功！

有一名商人在一团漆黑的路上小心翼翼地走着，心里懊悔自己出门时为什么不带上照明的工具。忽然前面出现了一点光亮，并渐渐地靠近。灯光照亮了附近的路，商人走起路来也顺畅了一些。待到他走近灯光时，才发现那个提着灯笼走路的人竟然是一位盲人。

商人十分奇怪地问那位盲人说："你自己双目失明，灯笼对你一点用处也没有，你为什么要打灯笼呢？不怕浪费灯油吗？"

盲人听了他的问话后，慢条斯理地回答道："我打灯笼并不是为了给别人照路，而是因为在黑暗中行走，别人往往看不见我，我便很容易被人撞倒。而我提着灯笼走路，灯光虽不能帮我看清前面的路，却能让别人看见我。这样，我就不会被别人撞倒了。"

这位盲人用灯火为他人照亮了本是漆黑的路，为他人带来了方便，同时也因此保护了自己。正如印度谚语所说："帮助你的兄弟划船过河吧！瞧，你自己不也过河了？"

成功者都明白一个最简单的道理——共赢则两利，分裂则两败。这就像一棵树，无论它怎样伟岸、粗壮和挺拔，也成不了一片森林；一块石头，无论它怎样巨大，也成不了一座山。任何人要有所作为，就必须把自己融入团队之中，大家齐心协力，这样才能赢得发展。

共赢思维是人与人或人与自然之间更好的、和谐的共处方式。当然，它不是逃避现实，也不是拒绝竞争，而是以理智的态度求得共同的利益。

中国有句老话，"一个巴掌拍不响"，本义是指要想拍出响声，仅凭一只手是不可能实现的。诚然，经营自己的事业，需要自力更生，不能处处指望别人，但是个体力量与群体力量相比总是很小的、有限的。如果在自力更生的基础上，有选择地借助外界的力量，形成合力，为我所用，那么竞争实力就会倍增，抵抗经营风险的能力就会倍增，从而达到你赢我也赢的共赢大道。

由此可见，共赢是一种更有远见的和谐发展，既利人，又利己；既合作，又竞争；既相互比赛，又相互激励……达到的效果远远比单赢要大得多，深远得多。

第三章 办事的分寸和尺度

第三章 办事的分寸和尺度

第一节 求人办事善谋划

培养主动的结交意识

"对方应该主动拜访我""对方应该先开口和我说话""对方应该……"每个人的脑海里很容易就闯入这样的念头。在人们的心里,这似乎已被视为理所当然的反应。

这些念头虽然已经变成自然的反应,但是,它们却不是待人接物、求人办事应有的正确态度。如果你一直固执于友情应该由对方主动给予的原则,你将交不到朋友,你的影响力也会受到限制。

不论在什么场合下,忽视别人都是不可原谅的过错。

事实上,主动和别人打招呼是大部分领导者共有的特征。如果你有机会参加大规模的会议,不妨仔细观察那些游走于会场,到处向人打招呼,主动向陌生人自我介绍的人,他们都是举足轻

□ 办事的艺术 □

重的人物。

那些会走到你面前说"我是×××,请多指教"的人,都是现在或未来的大人物。你仔细思量、细心观察,将会发现他们之所以成功,就是因为他们愿意主动并且热心地结交朋友。

有些人这样解释这种行为——"我或许对他并不重要,但是他对我却非常重要,所以我必须主动接近他"。

陌生人主动向你开口,至多你会认为他冒昧失礼,却不会因此而感到愤怒。你主动和不认识的人说话,会得到许多好处。

你一开始便要主动向别人打招呼,因为你的主动会使他感到亲切,你也因此可以放松心情。你的主动一定会有所回馈,就像在寒冷的早上,你必须先预热引擎才能发动车子是一样的。

有主动的结交意识,你才能认识更多的朋友,并因此得到更多的帮助。

现在,通过经营服装发展起来的法姬娜集团年营业额已逾亿元。谈到自己事业的成功,潘高钊总是说,全仰仗朋友帮忙,结交朋友可以说是潘高钊的制胜法宝。

潘高钊出生于浙江温州的瑞安,家中孩子众多,他是老小。在他很小的时候,母亲就开始做生意,家境也随之富裕起来,他也被经商的环境熏染。潘高钊说,母亲从未教过他经商的秘诀,只告诉他要把握好人生的三样法宝:学文、练武、交朋友。这三样法宝可

第三章 办事的分寸和尺度

以说让他受益终身,尤其是交朋友这一点,潘高钊做得最卖力。

后来哥哥做生意不慎,赔了大钱,家道中落,潘高钊受到很大震动。于是他做出违背母亲意愿的决定——下海经商,不再读书。1984年,17岁的潘高钊开始挖掘人生的"第一桶金"。他用扁担挑了一担松紧带,几经周折到义乌去卖。见到潘高钊小小年纪如此辛苦,义乌一位商家可怜他,当场就把松紧带全部买下。这可是潘高钊平生赚到的第一笔钱,尽管只有几十块。

1986年,潘高钊去了一趟兰州,承揽一些废旧物资回收的生意。怀揣母亲塞给的200元钱,他上了火车。那年头,在火车上坐软卧的只有两种人:一种是高干,另一种是个体户。于是潘高钊总是有意无意地往软卧车厢跑,希望因此结交一些可以进行业务往来的朋友,这还真的非常有用。他有一位很好的朋友就是和他在软卧车厢下象棋认识的。

潘高钊以真诚的态度结交了一些对自己帮助非常大的朋友。虽然有朋友协助,潘高钊也不是每事必成,但却为他日后的成功奠定了基础。正因为如此,朋友被潘高钊称为无形资产。

可见,主动结交朋友会给自己的事业带来很大的帮助,但是在结交之前就要有一种主动结交的意识。

另外,值得注意的是,在主动结交别人时,主动向别人进行自我介绍是非常有用的,可是一般人都不会主动向别人作自我介绍，他们大都等待别人来打开僵局，这对于结交朋友是十分不利的。

所以，你应该积极学习大人物主动向人作自我介绍的勇气。只要你认为没有什么事可以令你胆怯，你就不会畏惧。何况你只是想要认识他，并且让他也认识你罢了！

在财经界、文艺界、政界和学术界，那些执牛耳的大人物，都是极富人情味的人，他们都是善于打动人心的专家。

善于运用认同术

对待朋友，应该尽量抓准每一个机会增进交往，和朋友达成共识。例如，及时地给予对方雪中送炭式的帮助，会拉近你和朋友的距离，使朋友对你更加忠诚。人生难免遇到困境，在朋友遇到困境时及时给予各方面的援助，是增进友谊的有效手段。只有友谊增进了，以后求人办事才会更加顺利。

学会与朋友有福同享、有难同当。当朋友获得成功时，及时地、由衷地祝福朋友，分享朋友的喜悦，会使朋友更加快乐，对方也会感激你对他的祝贺。当朋友有困难时，应帮助他渡过难关，真正地体现有福同享、有难同当的精神。

如果朋友对你的某些行为流露出不满甚至批评时，应该弄清这种不满是什么原因造成的。有时可能是朋友误会了你的意思，而有时或许是由于你的粗心没能照顾到对方的情绪，使对方产生不满，但无论何种原因，你都应该谅解朋友，坦诚地向对方解释

第三章　办事的分寸和尺度

自己的行为,甚至赔礼道歉,求得对方的原谅。

与朋友交往时应多强调精神因素,淡化物质上的交往。交朋友时以对方的道德品质、脾气和性格是否与自己的相投作为择友标准,不要以贫富贵贱作为择友标准。与朋友交谈或来往时应强调精神上的交流,例如,聊一聊最近的生活感触,互相给予鼓励和支持等,不要一味地谈钱、谈物质,这样会给对方很不好的印象。当对方遇到物质方面的困难时,应慷慨给予对方帮助,不要吝啬,这样会使朋友觉得你是一个真正的朋友。人们所交的朋友一般是年龄相仿的人,但如果与跟自己年龄相差很大的人交朋友,也会有意想不到的效果。老年人遇事经验丰富,年轻人遇事热情有冲劲,两者的交往可以取长补短,所以社会上也不乏"忘年之交"。

人与人交往的最好结果是心与心的相通、志与志的相合、心理与心理的相容和分寸适度的距离感。无论哪方面,都应该力求达到一种"求同存异"的效果。

在现实生活中,由于每个人所处的环境不同,因此在人生经历、教育程度、道德修养和性格等方面也各不相同,这些方面的差距不应成为友谊的障碍。友谊的长久维持应该是正确处理这类差距的成果。应该承认自己和朋友在对待事物方面的差距,承认这种差距,适应这种差距,双方可以有争论、有辩解,从争论中寻找两人的契合点,做到求同存异。在涉及精神信仰的因素中应尊重对方,在涉及认识水平的问题上应通过暗示、影响等方法使

□ 办事的艺术 □

对方认识到你们之间的差距。总之，有时保持这种差距，比强迫对方或自己改变以缩小差距要可行得多。

当然，朋友之间在兴趣爱好上有差距是司空见惯的事，如何才能使朋友之间的爱好协调起来呢？一般来说，朋友之间的兴趣爱好是相近的，但有时又是截然不同的。在这种情况下，应该尊重彼此的兴趣爱好，互相取长补短，如此不仅可以拓宽自己的知识面，还能使友谊更上一层楼。在交朋友时，也会有意结交一些与自己兴趣爱好相去甚远的朋友，这样可以使自己见闻更广阔，思想更活跃。

我们常说"距离产生美感"，朋友之情再深，也没必要天天黏在一起，因为相距越近，越容易挑剔对方的缺点和不足，忽视对方的优点和长处，长期相处下去，会导致矛盾的产生甚至断交。如果朋友之间保持一定的距离，可以使朋友彼此忽视缺点，而多发现对方的优点和长处，并对对方有所牵挂，这样的友谊就易于维持下去。

总之，不管怎么样，对朋友要善于运用认同术，着力达到"求同存异"的境界是最主要的。这样才能维持长久的友谊，经营完善自己的关系网络。

第三章 办事的分寸和尺度

第二节 求人办事要掌握好进退

求人办事要抓住时机

求人办事，把握住时机是非常重要的。当我们摸清了对方心理之后，并等到一个合适的时机时，应该学会当机立断，避免犹豫不决，贻误良机，这样就可以迅速达到自己的目的。

就拿李莲英的故事做一个例子。我们都知道，慈禧喜欢别人称她"老佛爷"，自然也喜欢故意摆出不杀生、行善积德的样子给人看。特别是在她六十大寿之际，她更要做出一番"功德"来，好让天下人都知她慈禧有好生之德。李莲英为了能够在众臣面前求得慈禧对自己的宠信以保住自己的地位，于是，他绞尽脑汁地想出并做出一些绝招来奉承慈禧。

六十大寿这一天，慈禧按预先安排好的计划，在颐和园的佛香阁下放鸟。一笼笼的鸟摆在那里，慈禧亲自抽开鸟笼门，鸟儿自由飞出，腾空而去。等李莲英让小太监搬出最后一批鸟笼，慈禧抽开笼门后，鸟儿就纷纷飞出，但这些鸟儿在空中只盘旋了一阵，又叽叽喳喳地飞进笼中来了。慈禧又惊奇又纳闷，还有几分高兴，便问李莲英："小李子，这些鸟怎么不飞走哇？"李莲英很是得意，知道自己做的准备工作已经让主子高兴了。于是，跪下叩头道："奴才回老佛爷的话，这是老佛爷德威天地，泽及禽兽，鸟儿才不愿飞走。

□ 办事的艺术 □

这是祥瑞之兆，老佛爷一定万寿无疆！"

一般人看来，李莲英这个马屁可谓拍得极有水平，但没想到这次却拍到马蹄子上了。慈禧太后虽觉心里舒服，但又怕别人笑话她昏昧，于是脸上露出了阴森的杀气，随即怒斥李莲英道："好大胆的奴才，竟敢拿驯熟了的鸟儿来骗我！"

李莲英并不慌张，他不慌不忙地躬腰禀道："奴才怎敢欺骗老佛爷，这实在是老佛爷德威天地所致。如果我欺骗了老佛爷，就请老佛爷按欺君之罪办我。不过在老佛爷降罪之前，请先答应我一个请求。"

在场的人一听，李莲英竟敢讨价还价，吓得脸都白了，哪个还敢吱声。大家知道，慈禧虽号称老佛爷，实际却是一个杀人不眨眼的冷血女人，许多因服侍不周或出言犯忌的人都被她处死，哪个敢像李莲英这样大胆。慈禧听了这番话，立刻铁青了脸，说："你这奴才还有什么请求？"

李莲英说："天下只有驯熟的鸟儿，没听说有驯熟的鱼儿。如果老佛爷不信自己德威天地，泽及禽兽，就请把湖畔的百桶鲤鱼放入湖中，以测天心佛意，我想，鱼儿也必定不肯游走。如果我错了，请老佛爷一并治罪。"

慈禧也有些疑惑了，她随即走到湖边，下令把鲤鱼倒入昆明湖。稀奇的事情真就出现了，那些鲤鱼游了一圈之后，竟又纷纷游回岸边，排成一溜儿，远远望去，仿佛朝拜一般。这下子，不仅众人惊呆了，

第三章　办事的分寸和尺度

连慈禧也有些迷惑。她知道这肯定是李莲英糊弄自己，但至于用了什么法子，她一时也猜不透。

李莲英见火候已到，哪能错过时机，便跪在慈禧面前说："老佛爷真是德感天地，如此看来，天心佛意都是一样的，由不得老佛爷谦辞了。这鸟儿不飞去，鱼儿不游走，那是有目共睹的，哪是奴才敢蒙骗老佛爷，今天这赏，奴才是讨定了。"

李莲英说完，立刻叩拜起来，随行的太监、宫女、大臣，哪能不来凑趣，一齐跪倒，个个都向他们的"大总管"投来了佩服的眼光。事情到了这份上，慈禧太后哪里还能发怒，她满心欢喜，还把脖子上挂的念珠赏给了李莲英。

且不论李莲英的为人如何，从这个故事中我们可以看出，李莲英抓住时机讨巧的工夫实在高明至极。现实生活中，我们也应该抓住有利时机，尽快办成自己要办的事。

一个人办事能成功，除了依赖一定的条件之外，机会的作用是不可忽视的。就连韩愈也在《与鄂州柳中丞书》一文中写道："动皆中于机会，以取胜于当世。"

比如你要晋升职务。由于本单位、本部门的领导因为某种原因，或者是工作业绩突出被提拔了，或者到了法定退休年龄，或者因工作犯了错误而被解职了，总之，原来的职位出现了空缺，这个空缺就为你创造了一个升迁的机会。如果这个机会来临之时，你

□ 办事的艺术 □

却不知道想办法抓住机会，甚至是在工作中还犯了错误，那升职的机会就会与你失之交臂。

也许有人对此不以为然，他们总认为自己的提升是因为自己拥有某些才能，这种说法带有很大的片面性。因为谁都知道，一个人被提升时，首先要有职位。没有空出的位置，任你才高八斗、学富五车，也不会被提拔到一个"悬空"的位置上。当然，我们不否认才能在提拔中的作用。

对一些事情来说，时机不出现，有时任你费尽九牛二虎之力，也办不好，办不成功；一旦时机出现了，可能你不想办，却反而歪打正着。当然，这属于一种特殊的机会。时机对于办事的效果就是如此。

就正常而言，大多数办事机遇，都是办事主体努力创造的结果，如下级主动承担某项重要工作而获得了广为人知的成绩和显露出惊人的才华，从而引起领导的重视、赏识而晋升成功。

所以，要想办事成功，关键的还是要靠自己主观努力来创造并把握住时机。

把握住时机，最重要的是要认清时机。所谓时机，就是指双方能谈得开、说得拢的时候，对方愿意接受的时候。一个人在车祸丧子的悲痛中还没解脱出来，你却上门托他给你的儿子保媒说媳妇，无疑你会碰壁的；领导正为应付上级检查而忙得焦头烂额的时候，你却找他去谈待遇不公，那你肯定要吃"闭门羹"甚至遭到训斥。掌握好说话的时机,才能提高办事的成功率。下面的这两种时机可以说是求对方的最佳时机。在办事过程中,你一定要注意把它牢牢抓住,那将会取得事半功倍的效果。

1. 在对方情绪高涨时

人的情绪有高潮期,也有低潮期。当人的情绪处于低潮时,人的思维就显现出封闭状态,心理具有逆反性。这时,即使是最要好的朋友赞颂他,他也可能不予理睬,更何况是求他办事。而当人的情绪高涨时,其思维和心理状态与处于低潮期正好相反,此时,他比以往任何时候都心情愉快,表面和颜悦色,内心宽宏大量,能接受别人对他的求助,能原谅别人一般的过错,也不过于计较对方的言辞;同时,待人也比较温和、谦虚,能听进一些对方的意见。因此,在对方情绪高涨时,正是我们与其谈话的好机会,切莫坐失良机。

2. 在为对方帮忙之后

中国人历来讲究"礼尚往来""滴水之恩当以涌泉相报"。在你为他帮了一个忙后,他就对你欠下了一份人情,在你有事求他帮忙的时候,他必然要知恩图报。在不损伤对方利益的前提下,他能做到的事情,一般情况下都会竭尽全力去帮助你。"将欲取之,必先予之",托人办事的时机,我们是可以进行预先创造的。

□ 办事的艺术 □

形势不妙，先走为上

在办事的过程中，难免会遇到一些棘手的，甚至解决不了的难事。这种时候最好不要死挺硬扛，而是要采取"先走为上"之策略。

所谓"先走为上"，是指我们在自己的力量远不如对手的力量时，不要和对手硬拼，不能以卵击石，自取失败，应该采取"走"的策略，避开是非，争取另开新路。

1990年，通斯特罗姆被瑞典乒乓球队聘为主教练。由于通斯特罗姆平时对运动员指导有方，再加上其战略战术比较高明，所以瑞典乒乓球队连年凯歌高奏。在1991年世乒赛上，他率领的瑞典男队赢得了所有项目的冠军。在1992年夏季奥运会上，他们又夺得男子单打金牌，这块金牌也是瑞典在这届奥运会上获得的唯一一枚金牌。

然而，正当瑞典国民向通斯特罗姆投以更热切期望的时候，他却突然宣布将于1993年5月世乒赛结束后辞职。通斯特罗姆的业绩如此辉煌，瑞典乒乓球联合会已向他表示："非常希望"延长其雇佣合同，那么他为什么要在正值春风得意时突然提出辞职呢？许多人对此感到迷惑。

后来人们才知道，正是通斯特罗姆连年的成功促使他作出了辞职的决定。他透露说："自从我担任主教练以来，瑞典乒乓球队取得一次又一次的胜利，但是现在我已感到很难再激发我自己和运动员去争取新的引人注目的胜利。瑞典乒乓球队需要更新，需要一个新人来领导。"

在这里，主教练通斯特罗姆采用的正是"先走为上、急流勇退"的计策。在体育赛场上，没有永远不败的常胜将军。通斯特罗姆在感到很难再去"争取新的引人注目的胜利"之际，果断地退下来，无疑是明智之举。这样既可以保持住自己的声望，又可以使瑞典队得以更新。

在我国古代，晋国公子重耳的故事也是个很好的例子。

晋国公子重耳由于国王昏庸，献公听信骊姬的谗言，逼迫太子自杀，因而出走流亡在外，此方法让他既避免了骊姬的迫害，又能保住性命，待时机成熟时回朝主持朝政。他在流亡期间，也渐渐变得成熟干练，而且他也充分利用"走"来寻找他的同盟者。这样他就在"走"的同时来促使晋国内外发生对自己有利的变化，最后他终于在秦国大军的护送下归晋。

这是留与走的一个鲜明对比：留则无生路，走后得王位。这虽是一个治国之君的经历，但这个道理在我们平时办事的过程中也是大有作用的。我们要切记：走是为了等待时机，创造条件，不是为了躲避困难，寻求安逸。

□ 办事的艺术 □

分清事情的分量再办事

事情有大有小，有轻有重，是放弃西瓜捡芝麻，还是丢掉芝麻捡西瓜，这既可能涉及自身的利益，又可能涉及他人及整体大局的利益。所以，在这种取舍两难的选择之间，就应该掂量一下事情的分量，尽量采用舍小取大、弃轻取重的处理原则。这样虽然丢掉了小利，但所换取的可能就是大利或大义。

蔺相如是战国后期赵国人，他本是赵国宦官令缪贤的门客，通过完璧归赵、渑池之会后，一跃成为赵国的上卿。

廉颇是赵国上卿，多有战功，威震诸侯。蔺相如却后来居上，使廉颇很恼火，他想：我乃赵国之大将，身经百战，出生入死，有攻城野战之大功，你蔺相如不过运用三寸不烂之舌，竟位居我之上，实在令人接受不了。他气愤地说："我见相如，必辱之。"从此以后，每逢上朝时，蔺相如为了避免与廉颇争先后，总是称病不往。

有一次蔺相如和门客一起出门，老远望见廉颇迎面而来，连忙让手下人回转轿子躲避开。门客见状，对蔺相如说："我们跟随先生，就是敬仰先生的高风亮节。现在，您与廉颇将军地位相同，而您见了他却像老鼠见猫一样，就是一般人这样做也太丢身份了，何况一个身为将相的人呢！连我们跟着先生也觉得丢人。"蔺相如问："你们嫌我胆小，你们说廉将军和秦王相比，哪个厉害？"门客答道："当然是秦王厉害。"蔺相如说："既是秦王厉害，我都敢在朝廷上呵斥他，

第三章　办事的分寸和尺度

侮辱他的大臣们，我连秦王都不怕，却单单怕廉将军吗？"蔺相如接着说："我想强秦不敢发兵攻打赵国，是因为我和廉将军共同辅佐大王。如果我们二人争闹起来，势必不能并存。我之所以这样做，是把国家利益放在前头，把个人的事放在后头啊！"门客恍然大悟。廉颇闻之，深感内疚，于是负荆请罪，与蔺相如结为"刎颈之交"，演出一幕千古流芳的"将相和"。

蔺相如之所以能千古流芳，就在于他能忍小辱而顾全国家大义，对事情的分量把握得好。赵国之所以不被他国欺负，就是因为有将相文武二人的威势。可见，把握好事情的分量，不仅利于个人发展，对集体、对国家也是幸莫大焉。所以，每个人在办事情之前，都要先把握好事情的分量然后再去办，这样方能事半功倍啊。

事有大小，事有种类，事有难易，有的事关系到自己的切身利益，有的事则可办可不办。我们不但要知道哪些事应该怎样办，而且要知道哪些事该办，哪些事不该办。

如果你觉得事情能够办成，就应该毫不犹豫地去办。如果你觉得要办的事情把握不大，就要给自己留下回旋的余地。如果你觉得要办的事情没有能力办到，就不要勉强去办。

有些事情，无论是工作上的还是家庭中的，作用非常重大，能办的要及早办，不能办的也要想办法找朋友求人去办。然而我

□ 办事的艺术 □

们在实际生活中遇到更多的是别人求办的事，对于这类事我们应该有一个因事而异的态度。

办事要掌握好火候

办任何事情都应有轻重缓急之分，有的事发生后，必须马上处理，延误了时间就可能与预期目标相背离，或是财产损失加大，或是身家性命有危。但是有些人际关系方面的事情，其发生之时，如果立即解决，可能会火上浇油，使事态发展愈加严重，而冷却几日，使当事人恢复理智以后再处理，就可能会大事化小，小事化了。所以，在办事过程中，处理事情之前要掌握好火候，这对事情的成败至关重要。

像我们都熟知的"将相和"的历史故事，如果蔺相如在廉颇正气势汹汹之时，去找他解释，与他争辩，即使和颜悦色、平心静气，廉颇也可能一句也听不进去。这样不但不利于解决矛盾，反而极有可能引起新的冲突，使事态严重，对彼此双方更为不利。

为掌握解决冲突的"火候"，有人找到了一种"10%法"，即事情发生后，先等10%的时间，这10%的时间里，你的朋友或对方，会因说出的话、办过的事向你道歉；这10%的时间，也使你的头脑更清醒，而不至于在盛怒之下失去控制。

受到别人的伤害，我们很可能暴跳如雷、怒发冲冠，与其如此，不如暂且迫使自己先冷静下来，然后再去想应当怎样对待，要知

第三章　办事的分寸和尺度

道，大多数人不是有意要伤害我们的。

事实上，我们永远也无法避免受到伤害，这是我们生活的一部分。既然如此，何必忧之恨之？除此之外，要想别人不伤害你，还要时刻想到不要伤害别人，只有这样，才能活得轻松，活得愉快；也只有这样，你才能找到为你办事的人。

需要我们马上做的事就是最重要、最紧急的事，来不得任何拖延。做完了一件事后又可依此方法对下面的事进行分类。那么我们依据什么来分清轻重缓急，设定优先顺序呢？

善于办事的高手都是以分清主次的办法来统筹时间的，把时间用在最有"生产力"的地方。

面对每天大大小小、纷繁复杂的事情，如何分清主次，把时间用在最有生产力的地方呢？下面是三个判断标准。

1. 我必须做什么

这有两层意思：是否必须做，是否必须由我做；如果非做不可，但并非一定要亲自做的事情，可以委派别人去做。

2. 什么能给我最高回报

应该用80%的时间做能带来最高回报的事情，而用20%的时间做其他事情。所谓"最高回报"的事情，即是符合"目标要求"或自己会比别人干得更高效的事情。

前些年，日本大多数企业家还把下班后加班加点的人视为最好的员工，如今却不一定了。他们认为一个员工靠加班加点来完成工作，说明他很可能不具备在规定时间内完成任务的能力，工作效率低下，因为社会只承认有效劳动。

因此，我们说"勤奋＝效率＝成绩／时间。"

现在勤奋已经不是时间长的代名词，勤奋是最少的时间内完成最多的目标。

3. 什么能给自己最大的满足感

最高回报的事情，并不一定能给自己最大的满足感，均衡才能和谐满足。因此，无论你地位高低、财富多少，总需要分配时间于令人满足和快乐的事情，唯有如此，工作才是有乐趣的，且容易保持工作的热情。

通过以上"三层过滤"，事情的轻重缓急就很清楚了，然后再以重要性优先排序（注意，人们总有不按重要性顺序办事的习惯），并坚持按这个原则去做，你将会发现，再没有其他办法比按重要性办事更能有效利用时间的了。

练习分清事情的轻重缓急，逐步学习安排整块与零散时间，而不是避重就轻。事情肯定会有轻重缓急，先集中时间把最重要的完成，不重要的事放一放自己也不后怕。利用好零散的时间做事，可以在不知不觉中完成烦琐的杂务。关键是不要怕处理难办的事。

总之，只有在办事时把握住火候，才能在短时间内把事情办得又快又好。

第三节 办事必知的忌讳

死要面子活受罪

　　求人办事，不能死要面子，须知"死要面子活受罪"，如果总是以为自己是多么清高，这样事情能办成吗？

　　我们对于面子应该是这样理解的：一个人不可能不要面子，但又不能够死要面子。死要面子的人，往往会真正丢了面子。

　　小说《红楼梦》和话剧《北京人》，都真实地表现了本已败落，但仍不肯抛弃面子的诸多世家子弟的形象。在他们看来，如果这些面子一旦全都不存在，活着也就没有什么意思了！可见，很多人把面子看得比生命还重要，这就是他们的人生哲学。

　　面子当然应该要，一个一点面子也不要的人，恐怕连自尊心也不复存在。关键的问题是要搞清怎样做才算不丢面子？什么面子可以丢，什么样的面子应当保？当然，人们也都非常明白，出于虚荣的面子应当丢，有关人格的面子需要保，不保何以处世？而保的办法则是实事求是。事实俱在，曲直分明，面子不保亦在；哗众取宠，装腔作势，面子虽保犹失。

　　有这样一个故事，说的是齐国有一个很穷的人，娶了一个老婆，还有一位小妾。这个人祖上也曾发达过，可现在不行了，然而他的面子就是放不下来，就是在自己的老婆、小妾面前也忘不了打肿脸

□ 办事的艺术 □

充胖子。他经常会对妻、妾说，今天有贵客请他赴宴，而且每次回来都装成酒足饭饱的模样。后来，老婆觉得自己家清贫，但丈夫却经常能赴贵人的宴会，心里觉得奇怪，于是就跟在丈夫背后想一探究竟。终于她发现了丈夫的秘密，原来这个人每天都来到东门外的一个墓地里，跑到上坟人那里去乞讨剩余的祭品。原来他就是这样"参加宴会"的，而每天他回来都会得意扬扬地在他的妻妾面前摆出一副不可一世的样子，丝毫也不觉惭愧。因为在他看来，这样才算有面子，也就不管什么死要面子活受罪了。

其实面子的危害岂止是活受罪，还是伤害自我的导火索。

以上讲的是古代的例子。在商品经济的社会中，要面子的现象同样存在，而且有过之而无不及。社会在不断分化，不思进取、坐吃山空的人依然存在，许多人在社会剧变中失去了自我价值的判断能力，他们的心理遭到了极大的扭曲，因此只有借助于虚荣来满足自己的面子和自尊。有些人即使债台高筑，也要挥金如土，与他人比吃、比穿、比用、比收入。当官的比轿车、比住房、比待遇、比职级；在操办红白喜事时，讲排场、摆阔气；在住房装修中，比豪华气派；在生活消费中，大手大脚，寅吃卯粮，借贷消费。其目的都是要让他人将目光聚集在自己身上，以满足自己的"面子"。

要知道，死要面子会使人变得乖戾而孤独。有一位从事高新技术研究的人，其技术与学识上也许并不太差，但由于自尊心过强，所以尽管年逾不惑，却仍然和同事们难以和睦相处。原因就在于，不管是在学术问题的讨论上还是在工作方案的安排上，甚至就连日常琐事的看法和处理上，只要别人的意见与自己不合，他就觉得面子受了损害，一点也不能容忍，立时就会火冒三丈，非要别人按自己的想法去办不可。否则，就会不依不饶，甚至恶语相加。因为他觉得自己永远高人一等，意见必然正确无误，别人只有跟着走的份儿，否则就是以邪压正，同时这也是不给自己面子。正因为他有这种毛病，所以凡是与他相处稍久的人，无不敬而远之，避之犹恐不及。试想，如果这样的一个人去找别人办事，那成功的概率会有多少呢？

总之，死要面子的行为是应该被摒弃的，否则对求人办事是非常不利的，甚至会严重危及你的人际关系。

过于吝啬

过于吝啬是求人办事的一大忌讳，它会使原本容易办成的事情功亏一篑。

求人办事不向对方表示感谢，事情就无法办成。基于这一点，可以在办事之前给予对方一定的好处，或者在办事前让对方知道事情办成后的好处。

□ 办事的艺术 □

　　西斯是一个大农场的主人，他在自己的农场里种植了大片的棉花，在棉花成熟的时候，他雇了许多工人来采摘。

　　有一天，西斯去农场巡视采摘情况，却看到一些工人正在偷懒，地上也到处扔着雪白的棉花。西斯急了，他把工头找来，让他解雇偷懒的工人，并要求不要乱丢弃棉花，工头答应了。

　　过了几天，西斯又去农场巡视，发现上述情况依然存在，他十分纳闷，不明白那些工人们为什么不听从命令。同时，他也为此十分着急，因为严重浪费只是一个方面，如果不抓紧时间采摘棉花，等雨季一来，棉花将会被雨水毁掉。

　　西斯向自己的一位老朋友请教，朋友告诉西斯："因为农场里的棉花是你一个人的棉花，工人们工作的好坏，与他们自己没有直接的关系。"西斯一下子明白了过来，他这才认识到，因为即使那些工人们采摘得十分认真，他们自己也得不到什么好处，所以才会有偷懒和乱丢棉花的现象，要想让工人们把事情办好，就必须给那些工人们一些甜头和好处。于是，他立即召集工头和所有的工人们开会，他在会上宣布："在雨季到来之前把棉花采摘完毕，工人们除了工资以外，还可以得到采摘棉花收益的20%；如果能杜绝乱扔棉花的现象，工人们还可以得到额外的奖励。"

　　此后，西斯再去农场巡视时，再也没有发现偷懒的工人，地上也没有胡乱丢弃的雪白的棉花了。

第三章　办事的分寸和尺度

俗话说："天下熙熙，皆为利来；天下攘攘，皆为利往。"求人办事也是一样的道理。每个人都是一个相对独立的利益实体，即便是朋友之间或者家庭成员之间也会有各自不同的利益。当然，能够找到双方的共同利益，求人办事自然会有好结果。但是，一般情况下求人办事，势必会使对方的利益或多或少地遭受一定的损失。在这种情况下，你如果想求人办事，不给予对方一定的好处，或让其从中得到一定的利益，那么他就很难帮你把事情办好。当然，上文所说的利益或好处，不一定是指物质或金钱，可以包括精神慰藉、内心快乐、个人成长、感恩报答等诸多方面。

急于求成

有些人在求人办事时，心急火燎，巴不得对方马上着手就办。如果对方一两天没什么动静，便有些沉不住气了，一催再催，搞得对方很不耐烦。这不是求人的正确态度。也许，对方有自己的难处，不得不慢慢作打算；也许，他真的无能为力。不过，无论对方处于什么境况，我们必须要有不急不躁的耐心。请记住：一旦求了人家，就要充分相信对方。

战国时，魏国的国君打算发兵征伐中山国。有人向他推荐一位叫乐羊的人，说他文武双全，一定能攻下中山国。可是有人又说乐羊的儿子乐舒如今正在中山国做大官，怕会投鼠忌器，乐羊不肯下手。

□ 办事的艺术 □

后来，魏文侯了解到乐羊曾经拒绝了儿子奉中山国君之命发出的邀请，还劝儿子不要跟随荒淫无道的中山国君，文侯这才决定重用乐羊，派他带兵去征伐中山国。

乐羊带兵一直攻到中山国的都城，然后就按兵不动，只围不攻。几个月过去了，乐羊还是没有攻打，魏国的大臣们都议论纷纷，可是魏文侯不听他们的，只是不断地派人去慰劳乐羊。

可是乐羊照旧按兵不动，他的手下西门豹忍不住询问乐羊为什么还不动手，乐羊说："我之所以只围不打，还宽限他们投降的日期，就是为了让中山国的百姓们看出谁是谁非，这样我们才能真正收服民心，我才不是为了区区乐舒一个人呢！"

又过了两年多，乐羊终于攻下了中山国的都城，结束了这场持续了三年之久的灭国之战。乐羊留下西门豹，自己带兵回到魏国。

魏文侯亲自为乐羊接风洗尘，宴会完了之后，魏文侯送给乐羊一只箱子，让他拿回家再打开。

乐羊回家后打开箱子一看，原来里面全是自己攻打中山国时大臣们诽谤自己的奏章。

假如当初魏文侯听信了别人的话，而沉不住气，中途对乐羊采取行动，那么将是另一番结果。

同样地，求人办事也就像打一场战争。在这场战争中，你会遇到各种各样的突发的棘手的问题，只有那些心理素质好的人才有能力打赢这场战争，急功近利的小人往往欲速则不达。

另外，还应注意一点，求人办事不同于求己，人家前因后果、方方面面总要考虑清楚，有时候还要故意地做些姿态让你看看。这时候，你只能平心静气地等待，你不能老去打听催问结果，这样不仅会让对方感到厌烦，而且还会觉得你不信任他们，明明有心想要帮忙的事情，经你这么一搅和，倒没有希望了，这叫得不偿失。所以，求人办事不能急于求成，这样才能让事情朝好的方向发展。

存在羞怯心理

一说话就脸红，一笑就捂嘴，一出门就低头，这是许多害羞的人的共同表现。但是，羞怯却是办事的天敌，在求人办事的过程中，我们第一步就要克服羞怯心理。

人的羞怯情绪似乎是一种与生俱来的性格特点，从某些领域来看，羞怯并不一定是一个完全贬义的词，有人甚至认为"适当的羞怯是一种美德"。但如果在办事的时候感到害羞，那就并不是一件好事了。

在现实生活中我们确实能遇到十分害羞的人，他们一方面对自己缺乏信心，不喜欢公开亮相，无意与他人竞争，遇事犹豫不决，表现得很不善于交际；但另一方面又往往勤于思考，凡事喜欢为别人着想。羞怯不仅不利于一个人办事成功，甚至有可能造成心理障碍。很多羞怯程度很高的人都希望能使自己有些改变，变得乐观而外向一些，以适应现代社会。

要想改变这一点，我们首先要弄清造成羞怯的原因。一般来讲，羞怯是由先天和后天因素的双重影响所致。有人认为后天的成长环境以及长期以来形成的行为习惯对羞怯的影响更大一些。据观察，有些羞怯的人在自己的孩提时代并不羞怯，只是进入学校以后，由于学习、身体等方面的原因，受到学校和家庭双方的压力，加之自己十分在意别人的看法与评价，久而久之，才形成羞怯的性格；也有一部分是由于童年时家庭的抚养环境导致的，有些家长不鼓励自己的孩子和同年龄的孩子玩耍，或是周围没有同龄儿童，长期下来也会形成一种内向而羞怯的性格。针对造成羞怯的原因，要想克服羞怯，应主要从以下几个方面做起。

首先，要提高认识。要明确性格是在生活过程中逐渐形成的，如果你已形成羞怯的性格，不要刻意追求奔放和外向，因为羞怯的人也有很多优点。要避免羞怯，关键是要少考虑自我，多考虑他人，多考虑社会价值，多考虑如何与人交往。此外，还要正确认识自己，承认羞怯是自己的弱项。这样当别人注意到你时，你才不会紧张或刻意地掩饰自己，才能表现出随和的态度，也只有这样，你同别人的关系才能更加密切而友好。

其次，坦诚交往。首先你必须学会尊重别人，不要给别人一种傲视一切、高高在上的印象，这样别人才会喜欢你并乐意与你交往。否则，整日孤芳自赏，尽管主观上想克服羞怯心理，但终会因客观上的碰壁而走回羞怯的老路上去。同时，为人要热情、开朗，做出乐于与人交往的表现。否则，终日沉默不语，别人便不愿打扰你了。只有善于并乐于表达，使别人在与你的交谈中获得乐趣，别人才愿意与你交谈，你也才能从羞怯的阴影中摆脱出来。

第三，关注他人。平时，你要留心他人的行动和爱好，了解对方对什么样的话题、行为最感兴趣。这样，与人交往时就能投其所好，使人觉得你容易接近、容易成为好朋友了。

总之，无论如何你都要尽力克服自己的羞怯心理，这样一来，就为你能成功办事打开了一扇大门。

得罪别人

给人办事时，不论是否办成，都不应该得罪别人。俗话说："多个朋友多条路，多个敌人添堵墙。"作为一个办事人员，应尽可能少树敌，更不可过多地得罪人。

战国时期，齐国大夫夷射，在接受国王的宴请后，酒足饭饱而出。此时担任王宫守门的小吏则跪请求说："请大人给我一点酒喝吧。"夷射斥责则跪说："你一个下贱的守门人也想饮用国王的美酒吗？滚开！"夷射走远后，则跪非常气愤，于是将碗里的水泼在廊门的接水槽中，没想到水的颜色居然类似小便。

□ 办事的艺术 □

天明以后,齐王发现了水渍,就对则跪斥责说:"昨天晚上,是谁在此处小便呀?"则跪回答说:"我没看见,但昨天夷射在这地方站立过。"齐王大怒,因此诛杀了夷射。

一个卑贱的守门人因为被大臣所侮辱,竟然设计要了大臣的命,由此可见得罪小人的害处。

香港巨富胡金辉在介绍他的个人成长时,曾告诫说:"在为人处世方面,我觉得最重要的就是千万不要得罪人!越有地位,越应该不得罪人。宁愿自己搽面抹膏,也得让别人好过。"

在办事时,得罪别人就很容易将自己逼入困境。例如,美国前总统林肯以伟大的业绩和完美的人格获得了人们的衷心敬仰,他的许多事迹被人们传颂。但他在成长道路上也曾因为经常得罪人而经历了不少的坎坷。

林肯年轻时,不仅专找别人的缺点,也爱写信嘲弄别人,且故意丢弃在路旁,让人拾起来看,这使得厌恶他的人越来越多。

后来他到了春田市,当了律师,仍然不时在报上发表文章为难他的反对者。有一回做得太过分了,最后竟把自己逼入困境。

当时,林肯嘲笑一位虚荣心很强又自大好斗的爱尔兰籍政治家杰姆士·休斯。他匿名写的讽刺文章在春田市报纸上公开以后,市民们引为笑谈。惹得一向好强的休斯大发雷霆,打听出作者的姓名后,

第三章 办事的分寸和尺度

立刻骑马赶到林肯的住处,要求决斗。林肯虽然不想同意,却也无法拒绝。身高手长的林肯选择了骑马比剑,请求陆军学校毕业的学生教授他剑法,以应付密西西比河沙滩的决斗。后来在双方朋友人的调解下,决斗风波才告平息。

这件事给了林肯一个很深的教训,他认识到得罪别人的事就连最愚蠢的人都不会做。从此,林肯改变了自己对人刻薄的做法,以博大的胸怀赢得了民心。

美国前副总统安格纽以失言出名。他曾激烈指责新闻界的过错,他说:"老是发表反政府言论的大众传播媒体,简直是叛徒。"这句话在新闻界引起了极大风波,招致了新闻界的合力围攻,即使他声明收回这句话,也已经太晚了。后来时代杂志的哥拉姆斯特分析说,这只怪安格纽用错了一个字,如果把 Mass media(大众传播媒体的复数形式)换作 Mass medium(单数形式),就不会有什么风波了。这是因为以复数代替单数等于指责了所有新闻传播界,触犯了众怒。

以上事例都说明这样一个道理:办事时不可轻易得罪别人,否则只会是自找麻烦,增加办事的难度。

第四章 最容易打动对方的求人艺术

第四章 最容易打动对方的求人艺术

第一节 以情感人，让对方主动帮忙

激起别人的同情心

大多数人都是具有同情心的，即使铁石心肠的人也不例外。同情心能够加强别人对你的理解，因此求人办事不妨利用一下别人的同情心。

在很多时候，用感情打动别人，激起别人的同情心，比滔滔不绝地讲大道理会更有效果。

请求别人帮忙解决问题时，应该调动对方的同情心，使对方首先从感情上与你靠近、心灵上产生共鸣，这就为你解决问题打下了良好的基础。人心都是肉长的，只要你将遇到困难的情况和内心的痛苦如实地说出来，大多数人都是愿意为你提供帮助的。

同情心可以加强人们对受害人的理解，但这并不等于说马上

□ 办事的艺术 □

就会下定帮忙的决心。因为受托者要考虑多方面的情况,有时会犹豫,甚至会抱着多一事不如少一事的态度,不想过问。这时候,当事人就得努力激发受托者的责任感,要使受托者知道,这是在他职责范围以内的事,他有责任处理此事,而且能够处理好此事。

一天,一位老妇人向正在律师事务所办公的林肯律师哭诉她的不幸遭遇。原来,她是位孤寡老人,丈夫在独立战争中为国捐躯,她只能靠抚恤金维持生活。可不久之前,抚恤金出纳员竟然勒索她,要她交一笔手续费才可领取抚恤金,而这笔手续费竟等于抚恤金的一半。林肯听后十分气愤,决定免费为老妇人打官司。

法院开庭后,由于出纳员是口头勒索的,没有留下任何凭据,被告反过来指责原告无中生有,形势对林肯极为不利。但他仍旧十分沉着和坚定,他眼含着泪花,回顾了英帝国主义对殖民地人民的压迫,讲述了爱国志士如何奋起反抗,如何忍饥挨饿在冰雪中战斗,为了美国的独立而抛头颅、洒热血的历史。

最后他说:"现在,一切都成为过去时。1776年的英雄,早已长眠于地下,可是他们那衰老而又可怜的夫人,就在我们面前,要求申诉。这位老妇人从前也是位美丽的少女,曾与丈夫过着幸福的生活。不过,现在她已失去了一切,变得贫困无靠。然而,某些人还要勒索她那一点微不足道的抚恤金,有良心吗?她无依无靠,不得不向我们请求保护时,试问,我们能熟视无睹吗?"

第四章　最容易打动对方的求人艺术

法庭里充满哭泣声，法官的眼圈也发红了，被告的良知也被唤醒，再也不矢口否认了。法庭最后通过了保护烈士遗孀不受勒索的判决。

没有证据的官司很难打赢，然而林肯成功了。这应归功于他的情绪感染，激起了法官、旁听人员及被告的同情心，达到了理智与情绪的有机统一，收到了征服人心的效果。

泪水能软化别人的心肠

要想得到别人的帮助，要让对方对你的行为和经历表示同情和怜悯，并由此生出好感，这样总有一天会攻克对方心中的堡垒，让他同意帮你。当你向别人讲述你自己的遭遇的时候，不妨用你的眼泪来博得对方的同情，让对方的心情随着你的感情一起波动，这样就会促使对方伸出热情之手，帮助你把事情办成。

运用泪水来表达自己渴求帮助的心情，将比较容易达到求人的目的，古今中外历史中有过不少这样的例子。

宋朝太宗时，将军曹翰因罪被罚到汝州。他并不甘心就此失去前途，于是苦思返京之策。一天，宫里派了一位使者到汝州办事，曹翰决定抓住这个机会让太宗回心转意。

他想办法见到了使者后，流着泪说："我罪恶深重，就是死

□ 办事的艺术 □

了也赎不清，真不知该如何报答皇上的不杀之恩，现在只想在这里认真悔过，来日有机会一定誓死报效朝廷。我在这里尚可勉强度日，只是可怜那一家老小，衣食没有着落。我这里有几件珍藏的物品，请您帮我抵押换些银两，交给我家里人换点粮食，好使一家老小暂且糊口。"

说到伤心之处，曹翰越发泪流不止。

使者深受感动，回到宫中如实向太宗作了汇报。太宗打开包袱一看，里面原来是一幅画，画题为《下江南图》，画的是当年曹翰奉宋太祖旨意担任先锋攻打南唐的情景。

太宗看到此图，想起曹翰当年浴血奋战、拼死杀敌的场景，心里十分难过，怜悯之情油然而生，于是决定把曹翰召回京城。

求人办事时，要想把事情办成，必须在人之常情上下功夫，必须把自己所面临的困难说得合情合理，令人痛惜和惋惜。曹翰正是抓住这点，才使太宗重新把他召回京城的。所以，越是给自己带来遗憾或痛苦的地方，越要重点表达。必要的时候，还可以声泪俱下博取办事人的同情。唯有这样，你所求之人才可能愿意以拯救苦难的姿态伸出手来帮助你，让你终生对他感恩戴德。

一家公司曾经用一年时间来解雇一位高大魁梧的领班，想要解雇一位努力工作的人并不是说一句"你被解雇了"那么简单。

通常公司会由人事部门的经理与职员面谈，然后解释公司的

第四章　最容易打动对方的求人艺术

立场并介绍一些其他工作的可能选择。员工在接到暗示后,通常会自行另谋发展,甚至替公司省下一笔补偿费。

经过是这样的,在过去的 12 个月当中,人事部经理与这位领班谈了四次。而每次都在尚未进入主题时,领班已经泣不成声了。也许他有演戏的天分,也许他是真情流露,但是对这位人事经理已经达到了绝佳的效果。每次人事经理都对公司领导者说:"如果必须开除他,你们自己去说吧,我办不到。"就这样,这个领班一直在那家公司多干了一年。

大多数人都是非常讲感情的,只要你能博得对方的同情,你的所求目的就有可能达到。

在日本的一次国会议员选举中,有一位田中派的候选人,由于田中形象的不良影响使他处于不利的形势,但他仍当选了。他表达了"我被沉重的田中事件的十字架压得透不过气来"的痛苦之情,以流泪的方式来争取民众的同情,而他的夫人也立于街头,向来往的行人哭诉,因此获得了多数民众的同情票。

因此,在办事的时候,如果有必要,完全可以用眼泪开道,那样成功的概率会人人增加。

□ 办事的艺术 □

第二节 软磨硬泡，迫使对方答应帮忙

缠着对方不放

　　俗话说："好事多磨，水滴石穿。"求人办事很多时候就是靠"磨"出来的，缠着对方不放是一种特殊的求人术，它以消极的形式争取积极的效果，既表现出毅力，又给对方增加压力。

　　人心都是肉长的。不管朋友之间的距离有多大，只要你善于用行动证明你的诚意，就会促使对方去思索，进而理解你的苦心，从袖手旁观的框子里跳出来，那时你就将"磨"出希望了。

　　日本"推销之神"原一平，小时候是村里的"混世魔王"，人见人怕。由于自己声名狼藉，23岁那年他便只身一人来到东京开始创业。到了35岁的时候，他已经成为日本保险界赫赫有名的人物，阔别家乡十几年的他，终于高高兴兴地回去探家。

　　原一平这次回家有两个目的，一是想让家乡人都知道当年的"混世魔王"已经改好了，二是想在自己的家乡开展保险业务。所以回到家乡不久，他便大力宣扬保险知识。遗憾的是村民根本不相信当年的"混世魔王"，怕吃亏上当，谁也不愿买保险。原一平明白，要想在村里开展保险业务，最重要的是得到村长的帮忙才能顺利进行。

　　现在的村长是当年和原一平一起长大的朋友，而且当时的原一平经常欺负他，如今要想取得村长的帮忙，肯定很不容易。不过，

第四章　最容易打动对方的求人艺术

原一平没有放弃，他找时间提了点礼物来到村长家。村长一看是当年的"混世魔王"回来了，不禁想起了他以前在村里做过的坏事，不由自主地吃了一惊。

当原一平提及让村长帮忙动员村民一起学习、购买保险的时候，村长一口回绝了。

第二天，原一平提着礼物又来了，村长好像有点不好意思，但是依然拒绝了他。

第三天，原一平又来了。不过这次村长的家人告诉他说，村长到几十里外的邻县亲戚家帮忙盖房了。原一平得知这个消息后，明白村长是故意不肯见他。于是原一平骑车按照村长家人说的地点追了过去，到了那里车子一放，袖子一挽就干活，干完活还和村长"磨"。

为了找一个长谈的时机，原一平干脆天不亮就起床，冒雨赶到村里，在村长家门外一站就是两个钟头，村长起床开门愣住了，见原一平淋得像落汤鸡，只好答应了他的请求。

村长这一关被攻破了，这个村开展保险业务的局面就打开了。

但是，这种缠着对方不放的求人方式并不是人人都能运用得很好，只有控制好自己，才能充分发挥作用，为此你必须掌握以下两点。

1. 要有足够的耐心

当求人过程中出现僵局时，人的直接反应通常是烦躁、失意、

□ 办事的艺术 □

恼火甚至发怒。然而，这无助于事情解决。你应理智地控制自己，采取忍耐态度。这时，忍耐所表现的是对对方处境的理解，是对转机到来的期待，有了这种心境，你就能在精神上使自己处于比较平静的状态，能够方寸不乱，调动自己全部的聪明才智，想方设法去突破僵局。

2. 要能抓住时机办事

"磨"不是消极地耗时间，也不是硬和人家耍无赖，而是要善于采取积极的行动影响对方、感化对方，促进事态向好的方向转化。磨功，也是一种韧劲，一种谋略。在求人办事中，谁磨的功夫高，谁就是胜者。

很多时候，人们认为缠着对方不放，软磨硬泡，是一件很难为情的事情。但事情不办是不行的，对方有意推托、拒绝，那我们只能靠缠着对方来达到目的了。所以有韧劲、有耐心也是求人的基本功夫。

反复催问，不给对方拖延之机

求人办事者，总是想尽快解决问题，可实际上往往难以如愿。显然，被动等待是不行的，还需一次又一次地催问对方。

这就要求你说话办事要有良好的心理素质，要做到遇硬不怕、逢险不惊，要学会控制自己的感情，喜怒不形于色才行。

有这么一位朋友，去找别人办事，拿出烟来递给对方，对方

第四章　最容易打动对方的求人艺术

拒绝了，他便一下子失去了托他办事的信心。这样是不行的，这样的心态什么事也办不成。俗话说，张口三分利，不给也够本，见硬就退是求人办事的大忌。有道是：人在屋檐下，不得不低头，想当乞丐又不想张口，有谁会愿意主动地把好处让给你？要是真有那样的事反而要好好地研究一下他的动机了。所以我们说，要想求人应该克服难为情的心理。正如上例所说，对方不要你的烟，可能是因为怕抽了烟就不好意思拒绝你请求的事情。但话说回来，你应该这样想才对，对方不要你的烟，并不等于他不想帮助你，尽管他用这种办法给你求他的念头降了温，但俗话说，让到是礼，你同他一直是处在同一个高度上讲话。如果你决定求人，对方一时不能肯定，你不妨一而再，再而三，反复申请，反复表达，反复强调，那么就一定会精诚所至，金石为开。

宋朝的赵普曾做过太祖、太宗两朝皇帝的宰相，他是个性格坚忍的人。在处理朝政时自己认定的事情，即使与皇帝意见相悖，他也敢于反复地坚持。

有一次赵普向宋太祖推荐一位官员，太祖没有允诺。赵普没有灰心，第二天上朝又向太祖提起这件事情，请太祖裁定，太祖还是没有答应。

赵普仍不死心，第三天又提出来。

赵普三天接连三次反复提出同一件事，同僚们也都很吃惊，太

□ 办事的艺术 □

祖这次有些生气了，将奏折当场撕碎扔在了地上。

但令人吃惊的是，赵普又默默无言地将那些撕碎的纸片一一拾起，回家后再仔细粘好。第四天上朝，话也不说，将粘好的奏折举过头顶站在太祖面前不动。

太祖为其所感动，长叹一声，只好准奏。

赵普还有类似的故事。

某位官员按政绩已该晋职，身为宰相的赵普上奏提出，但因太祖平常就不喜欢这个人，所以对赵普的奏折不予理睬。

但赵普出于公心，不考虑皇上的好恶，前番那种韧性的表现又重复起来。太祖拗他不过，不得不勉强同意了。

太祖当时问："若我不同意，这次你会怎样？"

赵普面不改色地答道："有过必罚，有功必赏，这是一条古训，是不能改变的原则，皇帝不该以自己的好恶而无视这个原则。"

这话显然冲撞了宋太祖，太祖一怒之下拂袖而去。

赵普紧跟在后面，到后宫皇帝入寝的门外站着，低头垂首，良久不动。据说太祖怒气消了以后，心里非常感动。

平常说话办事时先不管对方答应不答应，采取不软不硬的方法，反复催问，不达目的誓不罢休，即不怕对方不高兴，在保证

第四章 最容易打动对方的求人艺术

对方不发怒的前提下,让对方在无可奈何中答应你的要求。但使用这种方法要适度,也就是说,这种方法不是让你消极地耗时间,也不是硬和人家耍无赖,而是要善于采取积极的行动影响对方、感化对方,使事态向好的方向转化。

某工地急需一批钢筋,采购员小王接到命令后到集团物资部门去领,但负责此事的马经理推说工作忙,需要先申请采购,要等一个月才能提货。小王非常着急,那边工程马上就要开工了,他怎么能等一个月呢?后来他从仓库保管员那里了解到库房有现货,马经理之所以没有让他提货,是有意刁难他。得知这个消息,他简直气愤至极,真恨不得马上找到那个厚脸皮的马经理理论一番。

但小王竭力控制自己的情绪,思考解决问题的办法。工地的项目经理多次催问,强调工期拖延不得,他急得像热锅上的蚂蚁。最后小王决心和那位马经理软缠硬磨。

从第二天起他天天到经理办公室来,耐心地向经理恳求诉说。经理心里感到烦,根本就不理睬他。他就坐在一边等,一有机会就张口,面带微笑,心平气和,不吵不闹。经理急不得火不得,劝不走也赶不跑,而小王一副"坚决要把牢底坐穿"的样子,就这样一直耗着。等到"磨"到第五天,经理就坐不住了,他长叹一声,说:"唉,我算是服你了,就照顾你这一次,提前批给你吧。"小王终于如愿以偿,高高兴兴地去仓库提货了。

□ 办事的艺术 □

上面的例子中，采购员小王通过反复催问马经理，直问得那位经理心烦意乱、招架不住，不得不让他提货。表面看来，小王是耗费了五天的时间，但与一个月的等待时间相比，他还是争取到了更多的时间。试想，对于马经理这样的人，如果小王与他坐下来理论一番，甚至一脸怒气地去质问他，那么事情肯定会变得更糟。小王知道工期不能耽搁，也知道马经理"做贼心虚"，在这种情况下，反复催问也许是最有效的办法。

因此，求人办事也要掌握反复催问的方法，不给别人拖延之机，让你的事情早日办成。

穷追不舍

求人办事，就要有一种坚持到底的精神，对别人穷追不舍，直到对方答应为你办事为止。可是有些人脸皮太薄，自尊心太强，经不住拒绝的打击，只要略一受阻，他们会脸红心跳，感到羞辱、气恼，拂袖而去，再不回头，甚至与对方争吵闹崩。表面看来这种人似乎很有几分"骨气"，其实这是心理素质过于脆弱的表现，是只顾面子而不想千方百计实现目标的人，很难办成事情，对事业的发展更是不利。

一位先生自办了一个剧场，却苦于无戏剧评论家光临评论，他深知没人宣传就没有观众，于是大胆闯入一家有名的大报社，

第四章 最容易打动对方的求人艺术

打算请一位评论家去看戏。

他点名要见一位著名评论家，凑巧这位评论家在国外访问，他干脆待在报社不走，并扔下一句"我就等着他回来"。那位评论家的助手也非常无奈，只好询问其原因。他便抓住这个难得机会，说他的演员如何优秀，观众如何热情，最后坦白地说："我的观众大多是从未看过真正舞台剧的人，如果贵报不写剧评介绍，那我就没经费继续演下去了！"评论家的助手见其态度坚决，不由感动了，答应当晚就去看戏。

谁知，露天剧场的演出到中场休息时，便遇上了滂沱大雨。这位先生一见评论家的助手欲走，立即对他说："我知道，你们剧评家通常是不会评论半场戏的。不过我恳求你，无论如何破一回例！"

这位先生又一次次地沟通询问，真诚也有，"无赖"也有，终于感动了评论家的助手，几天后一篇半场戏的简评见报，他的剧场从此日渐红火起来。

一个名不见经传的小小剧场主，何以搬动了大报社的评论员？这不正是步步紧逼、穷追不舍的结果吗？有时我们的言语力量，正是从步步紧逼、软缠硬磨中展示出来的。当然，这种穷追不舍须把握分寸，只宜抽丝剥茧般地渐渐逼近主题，否则也是徒劳无功的。

□ **办事的艺术** □

穷追不舍地求别人给你办事,也许要经历一个较长的过程。但只要你有心去做,锲而不舍,坚持不懈,就像当年愚公移山一样,你就是一位战无不胜的办事高手。

曾经有位先生和他的太太去墨西哥度假,太太要去买纪念品,所以那位先生就一个人在街上逛。

突然这位先生听到在前方有个当地的小贩沿街叫卖:"一条披肩1200比索(比索为墨西哥货币单位)。"

当然这位先生并没有理睬,继续走他的路。可是小贩接着说道:"大减价,1000比索一条了。"

这时,那位先生才第一次开口对小贩说:"朋友,我实在感谢你的好意,也很敬佩你锲而不舍的精神,但是我丝毫没有兴趣,请你找别人好吗?"

"当然,当然。"他答道。

可当这位先生转身离去时,那个小贩的叫卖声又在那位先生耳旁响起:"800比索一条披肩。"

那位先生不想一再被骚扰,就开始向前跑了起来,但是卖披肩的小贩却与他保持同步速度,而要价已经下跌到600比索了。因为遇上红灯,他们必须在街口停下,而小贩仍然继续自言自语:"600比索,600比索就好……500比索,500比索……好啦,好啦,400比索。"

当绿灯亮起,先生快速通过马路,希望能摆脱小贩的纠缠。在他想转头观察之前,耳边又听到小贩的脚步声以及叫卖的声音:"先生,先生,400比索。"

那位先生又累又热、厌烦无比地转身面对着小贩,咬牙切齿地说:"我告诉你,我不买你的东西,别再跟着我!"

"好吧,算你赢了。"小贩回答,"只卖你200比索。"

"你说什么?"那位先生对自己的反应也吃了一惊。

"让我看看你的披肩。"

……

回到旅馆,那位先生兴奋地对太太说:"一位当地的谈判家要价1200比索,但是一位国际性交涉家——和你一起度假的人——只用200比索就完成了交易。"

太太轻蔑地说:"嘿,真有意思,我买了件和你相同的披肩,只要150比索,就挂在柜子里。"

由此可见,降价只是小贩的一个策略而已,穷追不舍才是为了促成交易。这在同别人办事时运用,不失为一个很好的办法。

用行动表达诚意

很多时候,你求人办事,对方总是会怀疑你的诚意。这种时候只要你善于用行动证明你的诚意,就会促使对方重新思索你的感受,进而理解你的苦心,从固执的框子里跳出来,那时你的事

□ 办事的艺术 □

情就有希望了。

有对男女青年彼此相爱了，但女方的母亲认为男方木讷，于是坚决不同意。小伙子虽然不善言辞，但很有心计，人又勤快。他经常到女方家里帮助干活，老人不给好脸色他也不在乎，给闭门羹也不计较。见她家煤球没有了主动去拉，没水了马上去挑，有次下雨见到漏雨，立即冒雨上房堵漏。有一次，她母亲得了病，没有车，他就背上往医院跑，把老人感动得直掉泪，由衷地说："真是个好孩子啊，怪我以前看走了眼。"

凭着那股韧劲，小伙最终令老人点头同意了。

在我们求助他人时，即便对方是朋友，有时也有可能因为很多原因拒绝我们的请求，这时候我们就可以通过积极行动的方法，让对方乖乖地帮助我们。

在美国，关于第六任总统亚当斯的故事很多，他的一个特点是不愿轻易表露自己的观点，这使报社的很多记者失望而去。有个叫安妮·罗亚尔的女记者是他的好朋友，两人私交不错，她也一直很想了解总统关于银行问题的看法，可即使有这层关系，屡次采访也同样没有结果。

后来她了解到总统有个习惯，喜欢在黎明前一两个小时起床，

第四章　最容易打动对方的求人艺术

然后去散步、骑马或到河里游泳，于是她心生一计。

一天，她尾随总统来到河边，先藏在树后，待亚当斯下水以后便坐在他的衣服上喊道："请游过来，总统先生。"

亚当斯满脸通红，吃惊地问："安妮，你要干什么？"

"我是一名记者，也是你的朋友。"她回答道，"几个月来我一直想见到你，就国家银行的问题采访一下。我多次到白宫，他们不让我进，于是我观察你的行踪，今天早上悄悄尾随你从白宫来到这里。现在我正坐在你的衣服上，如果你认为咱们还是朋友的话，就请回答问题，你不让我采访就别想拿到衣服。是回答我的问题还是在水里待一辈子，请您选择。"

亚当斯本想骗走她："让我上岸穿好衣服，我保证让你采访。请到树丛后面去，等我穿衣服。"

"不，绝对不行，"罗亚尔急切地说，"你若直接上岸来穿衣服，我就要喊了，那边有三个钓鱼的。"

最后，亚当斯无可奈何地待在水里回答了她的问题。

在求人的时候，也可以通过一些适当过激的行为和计谋表现自己的诚意，但这种计谋的重点是让对方感受到你的诚意，让你拥有表达自己诚意的机会。如果花些心思，既不惹对方生气，又达到了自己的目的，那何乐而不为呢？

101

□ 办事的艺术 □

不断寻求对方的理解

有时候你去托人办事，对方推托不办，并不是不想办，而是有实际困难，或心有所疑。这时，你若仅仅靠行动去"磨"，很难奏效，甚至会把对方"磨"火了，缠烦了，更不利于办事。

如遇这种情形，就应该学会表达和说服，不断寻求对方的理解。当然，嘴巴上的功夫就显得十分重要了。

20世纪80年代初，著名的引滦入津工程曾一度因炸药供应不上，面临停工、延误工期的困境。工程领导心急如焚，派李连长带车到东北某化工厂求援。

李连长昼夜兼程赶到化工厂供销科，可得到的答复只有一句话：眼下没货！他找厂长，厂长忙，没时间听他多解释，他跟进跟出，有机会就讲几句；他软缠硬磨，厂长不为所动，硬邦邦地对他说："眼下没有现货，我也无能为力。"

厂长劝他另想办法并给他倒了一杯茶水，李连长并不死心，他喝了一口茶，看到这杯水又找到新话题，动情地说："这水真甜啊！天津人可真苦啊，喝的是从海河槽里、各洼淀中集的苦水，不用放茶就是黄的。"他一眼瞥见厂长戴的是天津产的手表，又心生一计，便接着说："您戴的也是天津表？听说现在全国每10块表中就有一块是天津产的，每四个人里就有一个人用的是天津的碱，您是办工业的行家，最懂得水与工业的关系。造一辆自行车要用一吨水，造一吨碱要160吨水,造一吨纸要200吨水……引滦河入天津,是为了解燃眉之急啊!没有炸药,工程就得延期……"

他说得很动情,很在理。厂长理解了他的急切心情,同他聊了起来,问:"你是天津人?""不,我是河南人,也许通水以后,我也喝不上那滦河水!"厂长彻底折服了,他抓起电话下达命令:"全厂加班三天!"三天后,李连长拉着一车炸药胜利返程了。

大多数人心中都有一份责任感,因此你在求别人办事时就要充分利用这一点,不断寻求对方的理解,这样就能很容易地达到自己的目的了。

巧妙释疑,让对方放下心理包袱

求人办事时,对方有时会很难作出决定,这是可以理解的。因为人的思想是复杂的,对某一事物不理解,想不通,往往是疑虑重重,这就需要请求者善于以情定疑,把道理说透。疑虑消除了,自然就达到了求人办事的目的。但消除别人的疑虑并不是一件很容易的事情,需要一点一点地层层递进、穷追不舍,把道理讲明白、讲透彻,这就是层层释疑的方法。

1921年,美国百万富翁哈默听说苏联实行新经济政策,鼓励吸收外资,就打算去苏联做粮食生意,当时苏联正缺粮食,恰巧

□ 办事的艺术 □

美国粮食大丰收。此外，苏联有很多美国需要的毛皮、白金、绿宝石，如果让双方交换，是一笔不错的交易。哈默打定了主意，来到了苏联。

哈默到达莫斯科的第二天早晨，就被召到了列宁的办公室，列宁和他进行了亲切的交谈。粮食问题谈完以后，列宁对哈默说，希望他在苏联投资，经营企业。西方对苏联实行新经济政策抱有很深的偏见，搞了许多怀有恶意的宣传。哈默听了，心存疑虑，默默不语。

聪明的列宁当然看透了哈默的心事，于是耐心地对哈默讲了实行新经济政策的目的，并且告诉哈默："新经济政策要求重新发展我们的经济潜能。我们希望建立一种给外国人以工商业承租权的制度来加速我们的经济发展。"经过一番交谈，哈默弄清了苏维埃政权的性质和苏联吸引外资企业的平等互利原则，于是很想大干一番。但是不一会儿，他又动摇起来，想打退堂鼓。为什么呢？因为哈默又听说当时一些政府机构人浮于事，手续繁多，尤其是机关人员办事拖拉的作风，令人吃不消。当列宁听完哈默的担心后，立即又安慰他道："官僚主义，这是我们最大的祸害之一。我打算指定几个人组成特别委员会，全权处理这件事，他们会向你提供你所需要的帮助。"除此之外，哈默又担心在苏联投资办企业，苏联只顾发展自己的经济潜能，而不注意保证外商的利益，以致外商在苏联办企业得不到什么实惠。当列宁从哈默

第四章　最容易打动对方的求人艺术

的谈吐中听出这种忧虑，马上又把话说得一清二楚："我们明白，我们必须提供一些条件，保证承租的人有利可图。商人不都是慈善家，除非觉得可以赚钱，不然只有傻瓜才会在苏联投资。"列宁对哈默的一连串的疑虑逐一进行解释，一条一条地给他说清楚，并且斩钉截铁，干脆利落，毫不含糊，把政策交代得明明白白，使得哈默心里的一块石头落了地。没过多久，哈默就成了第一个在苏联开办企业的美国人。

假如当初列宁不是很巧妙地解开哈默的疑问，那么哈默很有可能就不会在苏联投资了，那样无论对哪一方都将会是一种损失。

因此，若是你想求对方办事，而对方又心存疑虑时，你最好采用上述方法，巧妙解开对方的疑团，让对方放下心理包袱，那么事情就变得好办多了。

第三节　间接感化，请求对方办事

找能说会道的人帮忙

求人办事，如果你觉得自己拙于言辞，不妨找个能说会道的人帮忙。

□ 办事的艺术 □

　　一般会说话的人大多都是会办事的人，办事必须依靠信息的交流、思想的交流和感情上的交流来完成。而有人交流能力好，有人交流能力不好，所以说"好马出在腿上，好人出在嘴上"。如果你自己口才不好，可以请一个能说会道的人来帮忙。

　　历史上孟尝君是齐国的名门贵族。

　　有一次他与齐闵王意见不合，一气之下辞去相职，回到私人领地一个名叫薛的地方。

　　当时与薛接邻的楚国正想举兵攻薛。与楚相比，薛不过是弹丸之地，兵力、粮草等均不能相比，楚兵一旦到来，薛地将不堪设想。

　　遇此燃眉之急，唯有求救于齐。但孟尝君刚刚与闵王闹了意见，没有面子去求，去了也怕闵王不答应，为此他伤透了脑筋。

　　正当此时，齐国大夫淳于髡来薛地拜访。他奉闵王之命去楚国交涉国事，归途中顺便来看望孟尝君。孟尝君亲自到城外迎接，并以盛宴款待。

　　淳于髡不仅个人能力很强，善随机应变，与王室也有密切的关系，威、宣、闵三代齐王都很器重他。在闵王时代他成了王室的"政治顾问"，且与孟尝君本人也有私交。

　　孟尝君当即决定直言相求："我们薛地将遭楚国攻击，危在旦夕，请君助我。"

　　淳于髡也很干脆地说："承蒙不弃，从命就是。"

第四章　最容易打动对方的求人艺术

淳于髡赶回齐国进宫晋见闵王，开场的话题当然是禀告出国履行公务的结果，他真正要办的事情也早已在心中盘算。

闵王问道："楚国的情况如何？"

闵王的话题正合淳于髡的心思，顺着这个话题，淳于髡说："事情很糟。楚国太顽固，自恃强大，满脑子都是以强凌弱；而薛呢，也是不自量力……"

闵王一听，马上就问："薛又怎么样？"

淳于髡眼见闵王进了圈套，便抓住机会说："薛对自己的力量缺乏分析，没有远虑，修建了一座祭拜祖先的祠庙，唉，真不知后果怎样！"

齐王表情大变，吃惊地说："啊，原来薛地有那么大的祖先祠庙？"随即下令派兵救薛。

守护先祖之祠庙，是国君最大的义务之一。为了保护祖先祠庙就必须出兵救薛，薛的危机就是齐的危机，在这种危机面前，闵王就完全不再计较与孟尝君的个人恩怨了。整个过程中，淳于髡没有提到一句请闵王发兵救孟尝君，而是抓住闵王最关心的问题，旁敲侧击，点到痛处，令闵王自己主动发兵救薛，巧妙地解决了孟尝君的难题。

由此可见，求人办事如果自己没有把握，可以找个能说会道的人从中周旋，就能使事情好办得多。

□ 办事的艺术 □

利用边缘人物疏通

求人办事,最好是针对关键人物下功夫,突破关键人物这道关卡,谋求关键人物的赞同和协助,问题往往很容易得到解决。

但是有的时候,关键人物不好找,也可以找与关键人物有密切接触的中间人物。

因此,要想在解决问题过程中稳操胜券,除了着眼于主管、领导等正式组织的负责人外,还应该争取足以影响主管领导的非正式的"权威人物"的同情、支持和帮助。通过当事人或上级主管的亲友故旧,来说服当事人,成功的可能性就大得多。

从某一方面说,有些时候,即使是上级主管和具体办事人员同意解决的问题,也会由于下属在某一环节疏忽或怠慢而搁置下来。负责这一环节的人不论职位大小,也就变成了解决问题所必须寻求帮助的"关键人物"。

这时候你切不可因他无权无职,就以为可以随便应付,否则你即将办成的事就可能坏在他的手中。

素不相识,陌路相逢,如何让所求之人了解你与他是朋友的朋友、亲戚的亲戚,显然十分困难,但一般人不会驳朋友的面子,更不至于让你吃闭门羹。这是一条求人的捷径。

通过第三者的沟通,来传达自己的心情和愿望,在办事过程中是常有的事,人们会不自觉地运用这一技巧。比如,"我听同学老张说,你是个热心人,求你办这件事肯定错不了"。但要当

第四章　最容易打动对方的求人艺术

心,这种话不是说说而已的,也不能太离谱,有时有必要事先做些调查研究。为了事先了解对方,可向他人打听有关对方的情况。第三者提供的情况是很重要的,尤其是与被求者的初次会面有重大意义时,更应该尽可能多地收集对方的资料。但是,对于第三者提供的情况,也不能全部照搬过来,还要根据需要和自己的身份有所取舍,配合自己的临场观察、切身体验灵活引用。同时,还必须切实弄清这个第三者与被托付者之间的关系。这一点非常重要,不然,说不定效果会适得其反。

俗话说得好,托人办事,不能在"一棵树上吊死"。盯住主要目标,全力以赴,这固然很重要,但是对于目标周围的那些"边缘人物",也要花一些心思,有时甚至能起到意想不到的作用。他们就像一条条"捷径",可以顺利地把你送到成功的彼岸。

用真情打动对方

要求别人办事,总希望对方能尽心尽力。只有打动了对方的心,才是最高级、最理想的求人办事境界。要想达到这种效果,最直接的方法就是用你的真情打动对方。

战国时期的名将吴起就是一个办事的高手,他很懂得收服人心。有一次,军中的一位士兵生了脓疮而痛苦不堪,吴起看到这种情况,俯下身去用嘴巴把脏兮兮的脓血吸干净,又撕下战袍把这个士兵的

□ 办事的艺术 □

伤口仔细包扎好。在场的人无不为大将军的举动所感动。

这位士兵的老乡后来将这事告诉了士兵的母亲，老人听后大哭不已。别人以为是感激而泣，老人的回答却出乎意料。她说："其实我不是为儿子的伤痛而哭，也不是为吴将军爱兵如子而哭。当年，吴将军也用类似方法为我丈夫吸过脓血。后来在战争中，我丈夫为报将军的恩德，奋勇作战，结果死在了战场上，这次又轮到我儿子，我知道他命在旦夕了，所以为此而哭。"

老妇人从自身以往的经历中，知道这种争取人心的办法，可以让士兵甘愿献出生命。做到让人感到自己是他的"知己"，那在打动人心上就达到一种很高的境界了。

春秋时期的晋国，有位名叫豫让的勇士。他先后辗转投靠了几个主人，却得不到重用，直到投靠了知伯，才得到厚爱，将其视为知己，寝食同行，情如手足，豫让大为感动。后来知伯与赵襄子互相争斗，想扩大自己的权势，可是实力不如后者，被赵襄子弄得家破人亡。豫让决定刺杀赵襄子，以报答知伯的知遇之恩。可是谋事不密，被赵襄子捉住，赵襄子知道豫让是为主人效命，没有立即杀他。豫让说："我自己谋事不密，今天落在你手中，此乃天意，我不会请求你放过我，因为我活下来，唯一的目的就是要刺杀你。"赵襄子默默无语。于是豫让提出要借赵襄子的衣服一用，赵襄子有些惘然，但最后还是脱下衣服给他。豫让拔剑在手，然后又在赵襄子的衣服上挥了几下，口中大叫："我已替知伯报仇了。"说完后就横剑自杀了。

正是知伯的真情打动了豫让，才能使豫让舍身相报，由此足见以真情感人的威力。

当初刘备三顾茅庐，均遭到诸葛亮的有意怠慢，因为诸葛亮想以此考察刘备有无招贤纳士的诚意和虚怀若谷的美德。当刘备心志专一、谦恭下士的品德深深打动了诸葛亮的心之后，这位隐居山野的"卧龙"先生，便欣然接受了刘备的邀请，出山助他振兴汉室。

因此，你若想让别人心甘情愿地帮你办事，最好的方法就是用真情打动对方的心，这样对方才真心实意地为你办事。

每个人都有温柔的一面

眼下，儿子、女儿都是父母的心肝宝贝，所以当你有事想求他们的父母帮忙时，不妨向这些"小皇帝""小公主"表达自己的诚意，这样也能很容易达到办事的目的。人们常说：要讨母亲的欢心，莫过于赞扬她的孩子。一些高情商的人常常借助孩子在办事过程中充当沟通的媒介，一桩看似希望渺茫的事，经过孩子的起承转合，反倒可以迎刃而解。

□ 办事的艺术 □

第二次世界大战时，利维在美国经营一家影片进出口公司，手下一名叫弗兰克的闭路电话专家脾气暴躁，动辄和别人争吵，连利维也不例外。

一天，为了一个实验问题，弗兰克同研制组的另一位助手争执不下。他大动肝火，又拍桌子又摔东西，利维过去劝阻也被弗兰克大骂了一顿。正在他们闹得不可开交时，弗兰克的小女儿走进了实验室，小女儿看见她爸爸那副怒发冲冠的样子，吓得哭了起来。

弗兰克见状再也顾不上同别人吵架，赶快跑过去，赔着笑脸哄她逗她。

看到这一情景，利维心里突然一亮，发现弗兰克虽然看谁都不顺眼，但对站在他身边的小女儿却是百依百顺，视为掌上明珠，不难看出这个小女儿是他的主要精神寄托。

为了使弗兰克有更多的时间陪伴孩子，利维立刻在公司附近为他租了一幢非常漂亮的房子，好让他能经常和女儿生活在一起。

本来，利维手头的资金十分紧张，在这种情况下，还为弗兰克租房，弗兰克心里很过意不去，因此坚持不搬过去。

后来利维告诉弗兰克："你的千金安妮已经替你做主了。"利维继续说，"她说你心情不好，容易发脾气，这是会伤害身体的。如果她能够住在附近照顾你，你就不会发脾气了。起初，我也拿不定主意，可是小安妮最后还说，'我爸爸多可怜呀，我不能让他再忍受孤独了'。"

第四章　最容易打动对方的求人艺术

听完了这番话,眼里充满了泪水的弗兰克,最终听从了利维的安排,搬进了新居。

利维为弗兰克租房,虽然花费了不少钱,可搬家这件事所产生的影响远远不是这点花费所能比拟的。利维在资金比较紧张的时刻,仍然把弗兰克的生活快乐看得比金钱更重要,这就不能不使弗兰克感恩戴德,从而尽心尽力为公司工作。

关于这方面,还有一个例子。

有家银行的职员王某奉上司指示,对某家公司进行信用调查。正巧王某认识另一家大公司的董事长,这位董事长很清楚该公司的情形,王某便亲自登门拜访。

当他进入董事长办公室以后不久,秘书便从门口探头对董事长说:"很抱歉,今天我没有邮票拿给您。"

后来,在聊天中董事长透露他的儿子喜欢收集邮票。

接着王某便开门见山地说明来意,可是董事长却有些含糊其词,一直不愿做正面回答,王某只好告辞离去。

不久,王某突然想起那位董事长说的话——邮票和他12岁的儿子。同时,也想到自己所在银行的国际业务部,每天都有许多来自世界各地的信件,有许多漂亮的邮票。

第二天下午,王某又去找那位董事长,并告诉他是专程给他儿

113

□ 办事的艺术 □

子送邮票来的。董事长热情地接待了他,王某把邮票交给他,他面露微笑,双手接过邮票,就像得到稀世珍宝一般。

这次,董事长和王某谈了半个多小时有关集邮的事情,又让王某看他儿子照片。然后,没等王某开口,董事长就主动地说出了王某要知道的内幕消息,足足说了一个钟头。他不但把所知道的消息都告诉了王某,又找来部下询问,还打电话请教朋友。

王某正是用了"找准人的温柔一面"的方法才圆满完成了任务。由此可见,私人情感在办事过程中的重要作用,这是值得办事人员好好研究并借鉴的。

不失时机地与对方套近乎

关系越亲密的人越容易对人敞开心房。因此,当你有求于人时,一定要记得不失时机地与对方套近乎。

很多时候,在求人时双方会有一种距离感,这会让谈话难以顺利地进行。这时你就可以通过一些让两人关系更亲密的技巧,让彼此之间的距离缩短。

日本前首相中曾根康弘某次赴美与里根总统会谈时,互以昵称代替客套的称谓,两人在亲密友好的气氛中进行会谈,此事一时成为外交界流传的佳话。能够以昵称或名字互称,必须要有相

第四章　最容易打动对方的求人艺术

当亲密的关系，否则是很难说出口的。大家绝对不会初次见面就以昵称或名字来称呼对方，一般必然会附上先生、教授、老师等尊称，待相处久后才会以对方的名字来相称。

从心理学的观点看也是如此，当两人心理上的距离越来越靠近时，他们的称呼也会从头衔到姓再到名。接下来，想让对方替自己办事也会变得轻松自如了。也有些人虽然见面不久不算是亲密，但若他极欲亲近对方，也不妨以名字或昵称来称呼。

一位教师讲述他自己经历的一件事："有位从前我教过的学生来求我帮他做媒，当时我便问他，如何才能将两人的关系如此快速地推进。他回答说，'某次我与她见面时，她突然直接喊我的名字，使我顿时感到与她的关系是如此的亲近'。而在此之前他们两个只以姓名互称而已，可见称呼对两人心理上的距离有很大的影响。"

因此，求人时一定要不失时机地与对方套近乎。如果一时难以接近，不妨利用称呼的方式来拉近你们的距离，而且语气必须自然，不能让对方感觉你是在装腔作势。两人的距离若是因此而接近，那么事情就很容易解决。

□ 办事的艺术 □

第四节 求对方办事可"转个弯儿"

委婉地向对方求助

委婉地向对方求助就是不直接道出目的，而是绕开对方可能不答应的事情，选一个临时想出的其他事情作幌子，让对方答应，等对方卸下防备以后，你的目的就快达到了。现实生活中这样的例子很多。

美国《纽约日报》总编辑雷特身边缺少一位精明干练的助理，后来他把目光瞄准了年轻的约翰·海。而当时约翰刚从西班牙首都马德里卸任外交官，正准备回到家乡伊利诺伊州当一名律师。

打定主意后，雷特就请约翰到联盟俱乐部吃饭。饭后，他提议请约翰·海到报社去转一转。坐在办公桌前，雷特从许多电讯中间找到了一条重要消息。那时"恰巧"负责国外新闻的编辑不在，于是他对约翰说："请帮我一个忙，为明天的报纸写一段关于这则消息的社论吧。"约翰自然无法拒绝，于是提起笔来就写。社论写得很棒，雷特看后大加赞赏，于是请他再帮忙顶缺一个星期、一个月……渐渐地干脆让他担任了这一职务。约翰就这样在不知不觉中放弃了回家乡做律师的计划，而留在纽约做雷特的助理了。

第四章　最容易打动对方的求人艺术

由此可以得出一条求人办事的技巧：委婉地向对方求助。

在运用这一策略的时候，需要注意一点：在说服别人的时候，首先应当引起别人的兴趣。

当你要说服别人去做一些很容易的事情时，先得给他一点小胜利；当你要说服别人做一件重大的事情时，你最好给他一个强烈的刺激，使他对做这件事有一个渴望成功的企求。在此情形下，他已经被一种渴望成功的意识刺激了，于是，他就会很主动地为了获取成功而努力。

总之，要引起别人对你的计划的热心参与，必须先引导他们尝试一下，如果可能的话，不妨让他们先从做一点容易的事儿入手，先让他尝到一些成功的喜悦。

假如你一见到对方就贸然地开口求他办事，有可能会遭到断然拒绝，陷入尴尬的境地。有些话不能直言，便得拐弯抹角地去讲；有些人不易接近，就要逢山开道、遇水搭桥；搞不清对方葫芦里卖的是什么药，就要投石问路、摸清底细……总之，不能直接相求的事情就应委婉地提出。

明朝隆庆年间，给事中李乐清正廉洁。有一次他发现科考舞弊，立即写奏章给皇帝，皇帝对此事不予理睬。他又面奏，结果把皇帝惹火了，怪他多嘴，传旨把李乐的嘴巴贴上封条，并规定谁也不准去揭。封了嘴巴，不能进食，就等于给他定了死罪。当时皇帝正在

□ 办事的艺术 □

发脾气，两旁的文武官员谁也不敢为李乐求情。这时，旁边站出一个官员，走到李乐面前，不分青红皂白，大声责骂："君前多言，罪有应得！"一边大骂，一边啪啪地打了李乐两记耳光，当即把封条打破了。由于他是帮助皇帝责骂李乐，皇帝当然不好怪罪。

其实此人是李乐的学生，在这关键时刻，他"曲"意逢迎，巧妙地救下了自己的老师。如果他不顾情势，直接求皇帝，结果非但救不了老师，自己怕也难脱连累。

所以，当你直接请求别人不成时，就应该换个思路，委婉地向别人提出请求，否则是很难得到别人帮助的。

暗中智取，让对方为你办事

有事情需要求人时，也可以用暗中智取的办法，让对方不知不觉地为你办事。兵法中有这样一条——堡垒最容易从内部攻破，明里强攻不成，就该暗中智取。

《西游记》里讲到，唐僧师徒去西天取经，中途遇上了火焰山。孙悟空纵有天大的本事，也扑不灭火焰山的大火，最后不得不向铁扇公主求情，借她的扇子一用。谁知公主根本不理睬，于是孙悟空变成了一只小飞虫，钻进了铁扇公主的肚子里，一阵折腾，公主熬不住，只好投降。

故事中孙悟空明着求公主不成，于是就暗中智取，最后借到

第四章 最容易打动对方的求人艺术

了宝扇。

钟隐是五代十国时南唐的一位著名画家,他虽家道殷实,却倦于俗事,便学习先贤陶渊明先生做起隐士来。

隐居山林,除了修身养性外,钟隐最爱做的一桩事就是画画。不过,画了一段时间,钟隐就犯了"眼高手低"的毛病。经过冷静反思他认识到,问题就源于自己画技不高,于是他决定下山拜师学艺。

下山后一打听才知道,当时画花鸟的高手叫郭乾晖,此公笔墨天成,曲尽物性之妙,尤其擅长画鹞子。钟隐非常高兴,立即前往郭府拜师。

不料,郭乾晖并非世俗中人,虽然身怀绝技,却不肯轻易授人,老先生作画时总吩咐下人把门关上,唯恐马路上过往行人或者私闯进来的宾客窥见一招一式。因此,钟隐兴冲冲来到郭府,连大门也没进去,就被轰了出来。

钟隐想,拜师学艺应该有规矩才是,于是叫家人准备了很多银子,风风光光地再次登门求见。谁知门房仍挡住不让进,还冷嘲热讽道:"你认为我们家老爷缺银子花吗?告诉你吧,我们家老爷用毛笔画个圈,能够你小子吃个一年半载的。还想到这里摆谱,也不看看是谁家!"

没办法,钟隐只好拉着一车银子灰溜溜地打道回府。拜师不成,钟隐茶饭不思,夜不能寐。终于,他想出一条妙计,既然明着求他不行,

□ 办事的艺术 □

何不来暗的呢？于是，他乔装打扮成一个小厮，毛遂自荐地跑到郭府要当奴仆，且一再强调只混口饭吃，不要工钱。由于他要求不高，郭府又正缺人手，于是就被收下了。

钟隐进入郭府后，得到了郭府上下的一致信任，就连郭老先生也撤除了对他的所有防线，作画时竟然点名要他站在一旁磨墨，根本没料到他是来学画的。

此时，钟隐就可以尽情地观看郭老先生作画时的笔法，没过多久，就把老先生那套密不示人的技艺烂熟于心了。

谁知，画技学得越多，越是技痒难熬。有一天，钟隐实在忍耐不住，乘兴在墙上偷偷画了一只鹞子，神形俱佳。有人将此事向郭老先生报告，老先生闻讯前去观看，一看就吓了一大跳，知道这绝非外行所能画出来的，于是召来钟隐盘问。

钟隐见纸包不住火，只好和盘托出，郭老先生听罢并没生气，反而大受感动："相公为了学画，竟然不惜为奴，这叫老夫如何敢当？如此求学，真乃天下少见，老夫就破例把你收在门下吧。"

从此，郭乾晖老先生与钟隐以师徒相称，一个纵论画道，密授绝技；一个潜心苦学，仔细揣摩。后来，钟隐深得其法，技艺猛进。画有《鹰鹘杂禽图》《周处斩蛟图》等名作传于后世。

正是钟隐暗中智取，才让郭乾晖答应了收他为徒。假如当初钟隐没采取这个办法，恐怕事情就没有那么好办了。

第四章 最容易打动对方的求人艺术

所以,求人办事一定要做好暗中智取的准备,尤其对于一些比较固执或有某方面偏好的人来说更应考虑用这种方法求人办事。

有一位著名演员因患冠心病在家休养。一天,一位年轻人突然找上门来。

一番聊天之后,那位年轻人说:"是这样,我们生产了一种治疗冠心病的新药。听说您正患此病,想让您试用一下,如果能治好,也算是对我国的演艺事业做点贡献了。"

演员说:"那就先谢谢你们的关心了。前几个月我吃的都是朋友捎来的进口药……先吃一段时间看看,如果不见效,我再去找你,好吗?"

年轻人说:"那些进口药您吃多久了?"

演员说:"两个月。"

年轻人说:"效果怎样?"

演员说:"不太明显。"

年轻人掏出两盒药来,说:"那么,您不妨先吃这个试试,半个月就能见效。老先生,我承认国外的医药技术比较发达,可并不是什么药都好呀!单说治疗冠心病吧,据专家鉴定,经过700例临床实验,我们这款药的疗效就远远超过了外国的。中国的药同样能治好中国人的病,您说呢?"

演员被小伙子的真诚感动了,答应试用药品。没想到,试用了

□ 办事的艺术 □

一段时间后,他那冠心病竟奇迹般地好了很多,这位演员感激之余就登门道谢。这时候,那个年轻人才说明其用意:想邀请这位演员做药厂的顾问与形象大使。亲自见证药效的演员,自然满口答应了。

这个故事中,年轻人劝说演员做"形象大使",采用的就是暗中智取的方式。他以"试用"为切入点,以"关心"为说服的中心,以"结成友情"为情感交流中介的方式,恰到好处地绕了一个大圈子,从而为后面的"攻心"打下了良好的基础。

借势用力,迂回说服别人帮自己办事

狐狸是很聪明的动物,由于它没有力气,个子矮小,因此处境不利。在森林中,狐狸得不到尊敬,没人真正把它放在眼里。为了改变这一点,对于狐狸来说,最省力的办法就是说服老虎与它做朋友。通过与力大无比、令人敬畏的老虎密切交往,狐狸可以伴随老虎左右,在丛林中四处行走,而且享受众兽给予老虎的同样的提心吊胆的尊敬。即使老虎不在狐狸身边,凭借狐狸与老虎交往甚密,也足以保证狐狸的安全。

假如狐狸不能够与老虎交朋友,那么这只狐狸就应该制造一种跟老虎密切交往的假象,小心翼翼地跟在老虎的后边;与此同时,大吹大擂它们之间有着深厚的友谊,这样做,它便制造出一种假象,即它的安危得到老虎极大的关注。

第四章　最容易打动对方的求人艺术

这就是狐狸的生存法则，但是对于人类来说，狐假虎威也是可以利用的。尤其在你求人办事的时候，如果采取借势用力的方法，借助于大人物的影响力，那么事情就会很容易办成。

萨洛蒙·安德烈是19世纪末20世纪初瑞典著名探险家，有一次，他为了得到北极圈内有关的科学数据，填补地图上的空白，组织了一次北极探险。

那是1895年，经过周密计算和安排，安德烈在瑞典科学院正式提出乘飞艇到北极探险的计划。在此之前，安德烈曾在美国学习了有关航空学的全部理论，并且制造过由气球而发展起来的飞艇，有关飞行试验在美国和欧洲曾引起轰动。随之而来的便是经费问题，由于人们对这个探险不信任和不关心，因此也就很少有人愿意提供经费。

安德烈整天奔波，挨家挨户去找那些大富豪和大企业家，但有谁愿意投资一项与己毫无关系的事业呢？又有谁愿意投资一项也许没有任何成功机会的冒险事业呢？安德烈每天总是带着失望和疲倦回到家里。

经过很长时间的奔波，总算有一位好心而开明的大企业家表示愿意提供赞助，他甚至表示愿意承担全部费用，同时他还向安德烈提了一个很重要的建议：希望这项冒险计划得到人们的关注，如果就这样悄无声息地进行了，是不是削弱了这次探险的意

□ 办事的艺术 □

义呢?

　　安德烈听完觉得很有道理,于是两人经过商量,决定让安德烈继续去募捐、扩大影响。但是,尽管安德烈想尽办法、跑遍全城,人们的反应仍然很冷淡,安德烈非常着急,情急生智,他想出了一个大胆的办法,就是把自己的探险计划写成一篇极其详细严谨的论文,用大量证据论证了这项计划的可行性及其意义,然后,他请那位开明的企业家想方设法把这个文章呈献给国王。

　　经过一番周折,国王终于看到了这篇文章,他对这个大胆的计划感到很好奇,于是召见了安德烈,并询问有关探险的一些具体情况。两个人谈得很投机,最后安德烈要求国王象征性地提供一些小小的赞助,国王慨然应允。

　　这个消息很快就传开了,新闻界对国王关注此事予以报道。既然国王都对这件事感兴趣,那么许多名流、富豪也都跟着对探险一事予以关注,捐赠了大笔费用。许多普通民众也因此开始对这项计划感兴趣了,大家都明白了探险的意义。安德烈的事业终于不再是他一个人苦苦奔波的事业,而是变成了一项公众的事业。就这样,安德烈终于成功了!

　　巧借他人的力量和威名以达到自己的目的,这是一种策略。安德烈正是借助国王的力量,才使自己的探险事业取得了成功。

第四章　最容易打动对方的求人艺术

旁敲侧击，达到自己的目的

求人办事常常会遇到一些令人不满意的情况，此时，如果你学会了委婉的表达方法，旁敲侧击，也许能起到意料不到的效果。

战国时期，各国都修建城墙，韩国也不例外，而且完工的期限规定得很死，不能超过半个月。大臣段乔负责主管此事，结果还算顺利，就是有一个县拖延了两天。于是段乔就逮捕了这个县的主管官员，将其囚禁起来。这个官员的儿子为了解救父亲，就找到管理疆界的官员子高，让子高去替父亲求情。子高答应了。

第二天，子高就去拜见段乔，两人见面后，子高并不直接提及释人的事，而是和段乔共同登上城墙，故意左右张望，然后说："这墙修得太漂亮了，真算得上是一件了不起的功劳。功劳这样大，并且整个工程结束后又未曾处罚过一个人，这确实让人敬佩不已。不过，我听说大人将一个县里主管工程的官员叫来审查，我看大可不必，整个工程修建得这样好，出现一点小小的纰漏是不足为奇的，又何必为一点小事影响您的功劳呢？"

段乔听子高如此评价他的工作，心中甚是高兴，觉得子高的见解也在情理之中，很快便把那个官员放了。

这个故事中，失职官员之所以能够获免，归功于子高的求情。子高在求情前先给段乔戴上一顶高帽子，然后就事论事，深得要领，不能不令人拍案叫绝。

其实，一般人都存在顺承心理和斥异心理，对那些合自己心意的就容易接受。因此，在求人办事时，完全可以旁敲侧击，巧言游说，便容易成功。

所以，在办事的时候，如果不容易采取正面措施直接达到目的，就可以用旁敲侧击的方法，这样就能比较容易地办成事。

第五节 激起对方的兴趣再求其办事

用兴趣牵着对方走

人们在寻求别人帮助时，对方能不能答应你的要求，能不能全力帮助你把事情办成，关键的问题就是他心里是怎么想的。他的心里怎么想问题，就决定了他对你提出的事是帮忙还是不帮忙。心理学家告诉我们，人们怎样想一件事情完全是外在情趣和利益吸引的结果。他对A问题感兴趣或者想获得A，他就会说对A有利的话，也会做对A有利的事；反之，他便具有原始的、不自觉的拒绝心理。所以，人们在办事时，要想争取对方应允或帮忙，就应该设法使对方对这件事产生积极的兴趣，或者设法让对方感觉到办完这件事后会得到利益。

第四章　最容易打动对方的求人艺术

很显然，人们对什么事情有兴趣或认为什么事情有满意的回报，就会乐于对什么事情投入感情、投入精力甚至投入资金。所以，我们在求人办事时，可以用兴趣牵着对方走，让他帮忙。

利用兴趣求人办事必须让对方感到自然愉悦、深信不疑、大有希望，只有用兴趣把对方吸引住，对方才肯为你的事付出代价。

兴趣在具体运用时也要用点小窍门。

比如，你可以利用那些新颖的东西引起他人的好奇心，使他人常常情不自禁、穷追不舍地要弄个明白，这时人们就会对你说的事情产生强烈的兴趣，不由自主地跟你"黏"在一起，再进一步，就可能被你牵着鼻子走了。

除此之外，当我们很谨慎地根据他人的经验、兴趣，而设法接近他人时，除了拿出"新颖"的东西之外，还得渗透一些别人"熟悉"的成分，因为我们的目的是抓住他人的注意力。

先吊一下对方的胃口

在世界上享有盛誉的英国甲壳虫乐队在其早期也是久久打不开局面，除在利物浦地区有点儿影响外，他们的唱片一直挤不进全国畅销唱片的目录，人们顽固地排斥着这种反传统的新玩意儿。

乐队的经纪人艾波斯坦独具慧眼，看到了该乐队的潜力，决意改变这种萧条的状况。他把一批代理人派往各个城市。这些人

□ 办事的艺术 □

到了各个城市之后,在规定的同一时间里到处购买甲壳虫乐队的唱片,并故意到已售完的商店三番五次地催问下一批唱片的到货时间,同时还向电视台询问购买该唱片邮购商店的地址。大量从各地收购来的唱片,又经艾泼斯坦自己的唱片商店再转手批发和零售出去,从而营造成甲壳虫乐队唱片十分走俏的"热销"假象,经过这样几个月的来回循环折腾,甲壳虫乐队的声望一下子就上去了,这种音乐慢慢变成了英国的流行音乐。不仅如此,甲壳虫乐队的音乐还越过英国国界,漂洋过海,迅速传到了许多国家,成了一种世界性的流行音乐,影响了很多人。

流行是大众的趋向性思维和行为。思维可以是不自觉形成的,也可以是人为有意制造的,甚至可以是蓄意伪造出来的。甲壳虫乐队开始的名声大噪就是"伪造"的结果。在商业活动中,流行尤其重要,流行商品就意味着大批量的生产、广阔的市场和高额的利润。因此,为了广开销路,在产品的流行上做些文章是值得的。

只要让人们感觉到饿,他们的食欲便会被勾起来,争先恐后地到处找吃的。这种"吊胃口"的技巧,关键在于不让对方感到满足,使其欲罢不能。其实钓鱼就是这个道理,下钩要慢,收钩要缓,鱼饵更不能让鱼儿吃够吞饱。

这一心理规则能够给人以下启示:要想达到自己的目标,就必须吊一下对方的胃口,刺激起对方的欲望。

有一天,一位推销员向市民推销一种炊具。他敲开一位先生

第四章　最容易打动对方的求人艺术

的家门，妻子开门请推销员进去。那位太太说："我的先生和隔壁的布朗先生正在后院，不过，我和布朗太太都愿意看看你的炊具。"推销员说："请你们的丈夫也到屋子里来吧！我保证，他们也会喜欢我对产品的介绍。"

于是，两位太太把她们的丈夫也请进来了。推销员做了一次极其认真的烹调表演，用要推销的那套炊具煮苹果，然后又用那位先生家的炊具煮，两个对比很明显。很明显，这种对比给两对夫妇留下了深刻的印象，但是先生们依然装出一副毫无兴趣的样子。

一般的推销员，看到两位主妇有买的意思，一定会趁热打铁，鼓动她们买的。如果那样，还真不一定能推销出去，因为越是容易得到的东西，人们往往觉得它没有什么珍贵的，而得不到的才是好东西。

这位聪明的推销员深知人们的心理，他决定先吊一下对方的胃口。于是他洗净炊具，包装起来，放回到样品盒里，然后对两对夫妇说："嗯，多谢你们让我完成了这次表演。我实在希望能够在今天向你们提供炊具，但我今天只带了样品，你们以后有需要再联系我吧。"

说着，推销员故意起身准备离去。这时两位丈夫立刻对那套炊具表现出极大的兴趣，他们都站了起来，想要知道什么时候才能买得到。

那位先生说："请问，现在能向你购买吗？我现在确实有点喜欢那套炊具了。"

接着布朗先生也说道："是啊，你现在能提供货品吗？"

□ 办事的艺术 □

推销员真诚地说:"两位先生,实在抱歉,我今天确实只带了样品,而且什么时候发货,我也无法知道确切的日期。不过请你们放心,等能发货时,我一定把你们的要求放在心里。"那位先生坚持说:"也许你会把我们忘了,谁知道啊?"

这时,推销员感到时机已到,就自然而然地提到了订货事宜。于是,推销员说:"噢,也许……为保险起见,你们最好还是付订金买一套吧。只要公司能发货就给你们送来,这可能要等待一个月,甚至可能要两个月。"结果两家都争先恐后地付了订金。

人对于未知的事情很感兴趣,如果在求人办事的过程中,充分利用人的这一弱点,先吊一下对方的胃口,那么再难的事情也会变得简单了。

求人办事要循序渐进

求人办事需要一个过程,别人不可能一下子就答应你的全部请求。

美国斯坦福大学社会心理学家弗利特曼和弗利哲两位教授,曾同学校附近的一位家庭主妇巴特太太做了个有趣的实验。他们打了个电话给她:"这里是加州消费者联谊会,为具体了解消费者的状况,我们想请教几个关于家庭用品的问题。"

"好吧,请问吧!"

于是他们提出了一两个例如府上使用哪一种肥皂等简单问题。

第四章 最容易打动对方的求人艺术

当然,这个电话不只打给了巴特太太。

过了几天,他们又打电话说:"对不起,又打扰你了,现在,为了扩大调查,这两天将有五六位调查员到府上当面请教,希望你多多支持这件事。"

这实在是件不好办的事情,但巴特太太也只好同意,什么原因呢?只因为有了第一个电话的铺路。相反的,他们在没有打过第一个电话,而直接有第二个电话要求时,却遭到了拒绝。他们最后以百分比进行了对比。前一种答应他们的占 52.9%,而后一种答应他们的只有 22.2%。

由这个例子可知,向人有所请托,应由小到大、由浅及深、由轻加重才行,如果一开始就有太大的请求,一定会遭到对方的断然拒绝。

所以,一点一点让别人接受,一点一点突破对方的心理防线,既是找人办事的小技巧,也是获取成功的大原则。

第五章 找不同的人办事有不同方法

第五章 找不同的人办事有不同方法

第一节 找领导办事的艺术

以"情"激发领导为你办事

人都有恻隐之心,领导当然也有。求领导办事能获得应允,有时恰恰是这种同情心起了作用。下属之所以要寻求领导的帮助,是因为在生活中出现了困难,比如经济困难、住房困难、子女就业困难等。找领导办事,说到底也就是想让他们帮助解决这些困难。要想把事情办成,最好的方法就是把这些苦衷原原本本、不卑不亢地向你的领导倾吐出来,让他对你的境遇产生同情心,从而帮助你把问题解决掉。

要引起领导同情,就需要把自己所面临的困难说得在情在理,令人同情不已。所以,越是给自己带来遗憾和痛苦的地方,则越应该详细表述。只有这样,领导才愿意向你伸出援助之手,从而

□ 办事的艺术 □

帮助你解决很多实际困难。

要引起领导同情,还必须了解领导的个人喜好,知道他喜欢什么、讨厌什么,了解他的情感倾向和对事物善恶的评判标准。了解了这些,你就可以围绕着领导的喜好来唤起他的同情心。当引起对方感情的共鸣时,就一定会收到奇特的效果。

某市连锁企业近年来业绩持续增长,在其他城市新增了许多连锁店,急需要大量的管理人才。总公司的老员工们,接连被提拔到店长的位置。其中担任总经理秘书多年的刘某,按照资历来说,也是能够去外地担任店长的,他对此满怀期待。俗话说人往高处走水往低处流,虽然留在总经理身边可以学到许多东西,待遇也算不错,但身为一个男人,总是希望能拥有更广阔的舞台,亲自干一番事业。

可是等了许久,却一直没能等到调任通知。刘某思虑再三,还是决定亲自问一问总经理。就算是自己被刷下来了,也要知道究竟因为什么吧。于是他在一次完成工作后,开口对总经理说:"张总,我想问一下,关于其他城市店长的人选,现在已经确定好了吗?"

"有一些已经确定了,但是还没最终敲定。怎么了?你想去吗?做我的秘书不好吗?"总经理在闭目养神,随口回答道。

"这样啊……我是有些好奇,这次我没有机会被提拔吗?"刘某略显忐忑地问道。

总经理睁开眼睛,看着他笑了笑,说:"你肯定是有这个资格

第五章 找不同的人办事有不同方法

的,之所以没有派你去,其实是我给拦下来了。这些年你的秘书工作做得很不错,事情交给你做我很放心。如果换了新人,说不定会出什么岔子。你放心,之后的待遇也会给你相应地提上来的。"

刘某这下听明白了,原来不是自己不行,反而是因为本职工作做得太好,导致领导不舍得放他离开。他心里也知道,这并非领导离不开他,而只是习惯了而已。想了想,他先是对领导道了声谢,然后缓缓开口道:"张总,听说您年轻的时候,为了干事业曾经和嫂子两地分居了许多年,当时肯定很辛苦吧?"

总经理是个十分顾家的人,这一点全公司都知道。此刻听到这件事,不禁露出一个温暖的笑容,说:"是啊,那时候我在这边打拼,她在老家上班又带孩子,真的很辛苦。这不我事业有了些起色,就赶紧把她们娘俩接过来了。男人啊,一定要顾家,不然等到想要珍惜家庭的时候,说不定就来不及了。"谈及家庭,他的脸上洋溢着幸福的笑容。

而刘某听到他这样说,先是称赞了一番他是好男人这一点,并表示自己也要向他学习。总经理听了也非常开心,不禁问道:"说起来,你做我的秘书,作息常常会不规律,早出晚归更是常事。你妻子会不会跟你吵架?"

刘某沉默了片刻,笑了笑开口道:"其实,我和妻子这几年也都是两地分居。她在外地做公务员,一个人拉扯着孩子,我一直觉得很对不起她。如果……如果能在一个城市,应该就有机会补偿她了吧?"

总经理听到这话愣了一下,然后看着刘某有些期待又忐忑不

135

□ 办事的艺术 □

安的样子，忍不住哈哈一笑，然后说："你呀，原来在这儿等着我呢！如果我没猜错的话，你妻子所在的那个城市，就有公司新开的店吧？这下倒好，我要是再留你，就真成恶人喽！行吧，念在你和我一样也是个顾家的好男人，我帮你跟董事会建议一下，让你去和家人团聚。反正这本来也是你应得的。"

于是刘某成功地调任到妻子所在的城市，一家人得以生活在了一起。

由此可见，求领导办事可以在"情"上激发他。从上级曾经切身感受过的事情入手，在人之常情上下功夫，把自己所面临的困难说得在情在理，令人同情或感动。

上级的同情心有时是诱出来的，有时是激出来的。如果上级对某个下属有成见，认为他水平很差，那么这个下属若要博得上级的同情，可能就是一件相当困难的事情了。

获取领导的理解好办事

求上司办事，要办什么事，为什么要办这件事，领导能理解你的苦衷吗？如果他理解你，你就可能会得到他的支持，问题也就迎刃而解了。相反，如果没有得到领导的理解，他甚至会觉得你提出的要求过分了，或者觉得你请求办的事有些出格了，那么事情就变得难办了。

第五章 找不同的人办事有不同方法

因此,寻求领导的理解,对能否办成事情至关重要。要想让领导对你请求办的事情予以理解,则必须遵守几项原则。

1. 时间原则

即求领导办事最好要在领导空闲的时候找他。领导忙碌的时候,心情容易烦躁,不但对你的事不会记在心里,甚至还会嗔怪你不识眉眼高低。

如果领导的时间宽裕,他就有耐心听,问题可能会得到重视,因而也就更有利于把事情办成。

2. 场景原则

求领导办事,要考虑场所和环境。有的事要到领导的办公室里求,有的事要到领导的家里私下谈;有的事谈得越私密越有效果,而有的事越是有旁人听到就越对成事有利。所以,奥妙就在于你所求之事的分量与利害关系,以及对领导的脾气与秉性的了解。

3. 引入原则

找领导办事,要讲究话题的引入方式。有的需要直来直去、开门见山、和盘托出;有的则需要循循善诱、娓娓道来,慢慢进入佳境,否则便让领导感到唐突冒失,刺耳烦心。一般而言,以下几种引入方式较为常用:

(1) 通过谈工作的事引入自己的事;

(2) 通过谈生活的事引入自己的事;

(3) 通过谈社会的事引入自己的事；

(4) 通过谈家庭的事引入自己的事；

(5) 通过谈领导关心的事引入自己的事；

(6) 通过谈自己关心的事引入自己的事。

4. 表达方式原则

要想把事办好，必须首先把话说好。说话要有逻辑性、条理性，让人听了有理有据，同时还要力争把话说得生动感人。这样，即使是铁石心肠的领导，也会受到感动，甘愿出面为你办事。

掌握以上四个原则，你要托领导办的事，就会很容易得到他的理解和支持。那时，不管事情有多难办，只要不违反纪律原则，就多半不会让你失望的。

找准称赞的点

有事求领导帮忙，还要学会"捧"的功夫。所谓"捧"，在这里是指对领导进行恰到好处、实事求是的称赞，并不包括那种无中生有、阳奉阴违的吹捧。求领导时不忘对他说一些他乐意听的话，尤其是在与所求的事有关的方面称赞对方一下，这不失为一种求人的好办法。

要想求领导办事，就必须掌握好表达的艺术，会说话同办成事是相辅相成的。话说得好听，说得到位，领导便易于接受你提

第五章 找不同的人办事有不同方法

出的要求，否则即便是一件简单的事情，也容易办砸。要想把事情办成功，总得拣对方爱听的话说，才有利于解决问题。

几乎每个人都有一些虚荣心，其特点是在他们觉得做没有多大把握的事情时，极乐意看到自己在这些事情上表现不凡，获得别人的称赞。当你对这些事情中的任何一件加以颂扬时，都会发生你所期望的功效。吉斯菲尔伯爵说："各人有各人优越的地方，至少也有他们自以为优越的地方。"在其自知优越的地方，他们当然喜欢受到称赞。

但是，称赞领导也要注意技巧。称赞领导并非单指溜须拍马，而是指对领导佩服或敬重。赞誉之词人人都渴求，人人都需要。称赞领导也有方法和技巧，如果称赞领导不恰当，反而会弄巧成拙，落下一个"溜须拍马"的坏印象。称赞一个人，当然是因为他有出色的表现，但每个人在哪一方面出色却各有不同。有的人是专业技术水平高，工作成绩突出；而有的人则是在社交方面有特长，有与客户打交道的能力。因此，在称赞领导时，应针对不同的情况，采用不同的方式称赞。

恰当地称赞领导的妙用随处可见，但用错了却也让你画虎不成反类犬。

有个公司的部门经理对总经理在抓好公司业务的同时，结合

□ 办事的艺术 □

自己的工作实践撰写了一本《经商之道》的书稿这样称赞道:"您在企业工作真是一个错误的选择,如果您专门研究经营管理,我相信您一定会成为商务管理的专家,会有更加突出的成果问世。"

总经理听完部门经理的一席话,不满地说:"你的意思是说我不适合做公司的总经理,只有另谋他职了?"见总经理产生了误解,本来想对总经理"捧"一番的部门经理吓得头冒虚汗,连忙解释说:"不,不,不,我不是这个意思,我是说……"

还好,秘书过来替部门经理打了个圆场,机智地说:"部门经理的意思是说您是个多才多艺的人,不仅本职工作抓得好,其他方面也非常出色。"

可见,同是称赞一个人,称赞一件事,不同的表达方法,其效果是不一样的。

赞扬不等于奉承,欣赏不等于谄媚。赞扬与欣赏领导的某个特点,意味着肯定这个特点。只要是优点、长处,对别人没有害处,你就可毫无顾忌地表示你的赞美之情。领导也需要从别人的评价中了解自己的成就以及在别人心目中的地位,当受到称赞时,他的自尊心会得到满足,并对称赞者产生好感。

所以在日常生活中,你必须掌握好表达的艺术,"捧"你的领导,当你请求领导办事时,你就会感到其中的妙用。

第五章　找不同的人办事有不同方法

得领导器重才好办事

努力工作，办事认真，只有用真诚取得领导的信任才能得到器重，求其办事也就不会困难。那么，如何得到领导的器重呢？你可以参考以下几个方面的做法。

1. 苦干要加巧干

勤勤恳恳、埋头苦干的敬业精神很值得提倡，但必须注意效率，注意工作方法。有很多人不能不说他工作认真、兢兢业业，但忙忙碌碌一辈子就是没干出多少成绩，不仅没得到领导的提拔，反而在领导和同事心中留下了"笨"的印象，实在是太可惜。苦干是领导喜欢看到的，但他们更喜欢巧干、高效率的下属。不妨设想一下，领导有同一项任务交给甲需要一个月才能完成，交给乙可能仅要两周时间就完成，那么领导在用人时首先考虑的就可能是乙而不是甲。所以说，苦干还要加上巧干，必须善于动脑子想办法，提高工作效率，这样才能给领导留下深刻的印象。

2. 要学会表现自己

常言道，疾风知劲草，烈火炼真金。在关键时刻，领导会真切地认识与了解下属。人生难得机遇，不要错过表现自己的机会。当某项工作陷入困境之时，你若能大显身手，定会让领导格外器重你。当领导本人在思想、感情或生活上出现烦恼时，你若能妙语劝慰，也会令其格外感激。此时，切忌像木头一样，呆头呆脑，冷漠无情，畏首畏尾，胆怯懦弱。这样，领导便会认为你是一个

□ 办事的艺术 □

无知无识、无情无能的平庸之辈。

3. 服从第一

"恭敬不如从命",这是中国古老的至理名言。对领导,服从是排在第一位的。下级服从上级,是上下级开展工作,保持正常工作关系的前提,是融洽相处的一种默契,也是领导观察和评价自己下属的一个尺度。当然,服从中也有善于服从、善于表现的问题。细心的人可能都会发现这样一个事实:在单位里,同样都是服从领导、尊重领导,但每个人在领导心目中的位置却大不相同,为什么会这样呢?这一问题的关键是能否掌握服从的艺术。有的人肯动脑子,会表现,主动出击,经常能让领导满意地感受到他的命令已经圆满得到执行,并且收获很大。相反,有的人却仅仅把领导的安排当成应付公事,不重视信息反馈,甚至"斩而不奏",结果往往事倍功半。

善于服从、善于表现要掌握火候,机会来临时,一定要紧紧把握。当领导交给的任务确实有难度,其他同事畏首畏尾时,你要有勇气站出来承担,显示你的胆略、勇气及能力。敬业与服从,应该大力提倡,要善于敬业、服从,更要巧于敬业、服从。因为在丰收的田野上,农夫有理由让人们记住他挥洒的汗水和不辍的辛劳。这不是虚荣,而是实实在在的人生需要,也是你迈向成功的平台。

4.维护领导的面子

人人都有面子,这是天性使然。所以,从古至今就有"人活一张脸,树活一层皮"的说法。而在上下级关系中,领导则尤爱面子,很在乎下属对自己的态度,并往往以此作为判断下属对自己尊重与否的一个重要"指标"。

找领导办事要把握好分寸

求领导办事还要把握好分寸,俗话说"事不关己,高高挂起",托领导办事一定要看事情是不是直接涉及自身利益,如果是,则领导无论是从帮助你个人还是关心单位职工利益的角度,都认为是一种义不容辞的责任。这样的事领导愿办,也觉得名正言顺。

此外,还应注意的是,要与领导保持一定的距离。一般来说,领导不愿意跟下属过从甚密,主要是领导担心私人关系影响公正处事和个人形象,再就是他要维护在你心目中的威信。所以,要与领导保持距离,千万不要成为领导的"显微镜"和"跟屁虫"。

□ 办事的艺术 □

第二节 求同事办事的技巧

让同事为你办事的最佳方法

人们在找朋友帮忙办事时，总认为同事之间存在猜疑和嫉妒心理，实际上，这是一个错误的认识。现代社会中，一个人在家与家人相处和在单位与同事相处的时间几乎差不多，同事之间更需要同舟共济，特别是因为在一起共事，友谊会自然而然地产生。如果在办事时，不会借助同事关系，不但有些事办起来费劲，还容易让人觉得你没有人缘。

每一个人在单位都有表现自己的欲望，求同事办事就等于为他提供了一次表现个人能力的机会，即使遇到困难也会全力相助，即使超出能力范围也会提供一些建议，以此在同事中维护自己为人热情的形象。同事的事和单位的事一样，每个人都会感到自己有一份责任和义务。因此，找同事办事不必存有任何顾虑，该张嘴时就张嘴。

那么我们该怎样请求同事办好事呢？下面几点需要你在办事过程中特别注意。

1. 托同事办事要有诚意

同事之间了解得比较多也比较深，如果找同事办事藏藏掖掖、神神秘秘，不把事情说明白，容易使同事产生你不信任他的感觉。因此，找同事办事就要先说明究竟要办什么事，坦言自己为什办不了，为什么要找他。这样，精诚所至，同事只要能办到的事，一般是不会回绝你的。

2. 托同事办事要注意礼貌

同事不是朋友，一般都没有太深的交情，因此说话一定要客气，而且要以征询的口气与同事探讨，请他帮忙想办法。受到如此的尊重，同事如果觉得事情好办，自然会自告奋勇地帮助你。

3. 托同事办事要有的放矢

托同事办一件事之前，要先知道你这位同事的社会关系，以及他是否办起来没有太大的难度，只有掌握了这些情况，才不至于叫同事左右为难。

4. 要注意有些事不能托同事办

自己能办的事尽量自己去办，以这样的事求同事会使人感到你以老大自居，不把同事当回事，这样既可能耽误事，又会影响同事之间的感情。

如果同事不能直接办，也得"人托人"，费尽周折，这样的事不如转求他人。

和同事利益相抵触的事不能找同事去办，即使该利益涉及的是另一个同事。

求同事办事的过程中，只有注意这些，才能既维护了同事关系，又把事情办成。

□ 办事的艺术 □

请求同事，动之以情

　　请求同事办事，要把握好恰当的时机，对方时间宽裕、心情舒畅时，请求他做点事能得到回应的可能性很大；相反，当对方心境不佳时，你的请求可能只会令他心烦；对方正忙于某件事情时，你提出请求一般很难得到确定的答复。因此，要在恰当的时机提出诚恳的请求，利用情义打动同事，这是办事取得成功的关键。

　　某机关接到上级分配的植树任务，机关几十名同志都愿意主动承担任务，唯有几位老同志，任凭主任怎么动员都不愿认领任务，搞得主任很难堪。

　　下班了，主任把这几位同志叫到办公室，轻声地说："我只讲最后一遍，我现在很为难，请你们帮个忙。"奇怪，刚才态度很强硬的几个"捣蛋鬼"听了这句话，纷纷表示："主任，我们不会让你为难了！"说完立即回去认领自己那份植树任务。

　　一句充满人情味的请求话，比讲很多大道理更有说服力，看来人还是比较重情义的。主任用请求的话打动了他们，那几位"老同志"就乖乖地担起了自己的任务。

　　托同事办事也是一样。求同事办事时，态度一定要诚恳，要动之以情，晓之以义，需将事情的前因后果、利害关系说得清清楚楚。要说明为什么自己不办或办不了而去找他。总之，由于同

第五章 找不同的人办事有不同方法

事对你知根知底,你的态度越诚恳,同事也就越不可能拒绝你。

同事之间关系微妙,个性差别很大;同事之间只有以诚相交,才有可能在关键时刻帮得上你。

人的个性千差万别,但有一种共同的品性就是真诚。真诚的最低要求是不说谎、不欺骗对方,但在复杂的社会和人际活动中,目的和手段要有一定的区别。医生为了减轻病人的痛苦,以利于治病救人,往往隐瞒病情,说一些有利于治疗的话安慰病人,这样才能使病人配给治疗。这表现的不是虚伪,而是更高、更深层的真诚,是出于高度的社会责任感的真诚。只有智慧、德性和能力达到高度统一的人,才能表现出这种深层次的真诚美。

情与义就是一种真诚,同事相交需要真诚!

日本大企业家小池曾说过:"做人就像做生意一样,第一要诀就是诚实。诚实就像树木的根,如果没有根,树木就别想有生命了。"

这段话也可以说概括了小池成功的经验。

小池出身贫寒,20 岁时就在一家机器公司当推销员。有一个时期,他推销机器非常顺利,半个月内就跟 33 位顾客做成了生意。之后,他发现他们卖的机器比别的公司生产的同样性能的机器价格高。他想,同他签约的客户如果知道了,一定会对他的信用产生怀疑。于是深感不安的小池立即带着合同书和订

□ 办事的艺术 □

金，整整花了三天的时间，逐门逐户地去找客户，然后老老实实向客户说明，他所卖的机器比别家的机器价格高一些，请他们废约重订。

这种诚实的做法使每位客户都深受感动。结果，33人中没有一个与小池废约，反而加深了对小池的信赖和敬佩。

诚实真是具有惊人的魔力，它像磁石一般具有强大的吸引力。其后，人们就像小铁片被磁石吸引似的，纷纷来他的公司购买东西或向他订购机器，这样没多久，小池就成为腰缠万贯的企业家了。

所以，请求同事帮忙时，一定要以情与义作为基础，否则很难办成事。

无论请求别人干什么，都应当"请"字当头，即使是在自己家里，当你需要家人为你做什么事时，也应当多用"请"字。一旦你的请求遭到别人的拒绝，也应当表示理解，而不能强人所难，更不能给人脸色看，不能让人觉得你无礼。

请求同事，还要端正态度，注意语气，虽然请求时无须低声下气，但也绝不能居高临下，态度傲慢，非要别人答应不可，而应当语气诚恳，平等对待，要用协商的语气，比如说："劳驾，让我过一下，好吗？""对不起，请别抽烟，好吗？""什么时候有空跟我打打球，可以吗？"同时，还要体谅对方的心理，说出自己的为难之处,"我知道这事对您来说不好办,但我实在没有办法,只好难为您了"。

当因客观原因你的同事不能答应请求时,不要抱怨、愤怒,更不能恶语相加,而应该还礼道谢,这样你的同事在有条件的情况下肯定会鼎力相助。如果你不肯体谅对方,甚至对同事施以抱怨,这等于堵死了再次向同事提出请求的通路。

洞察同事的心理

你想求同事办事,就得先洞察对方的心理,看对方愿不愿意帮你,能帮到什么程度,假如对方根本无法完成此任务,你求他也是白求。

洞察同事心理最好的办法就是通过对方无意中显示出来的态度及姿态了解他的心理,有时能捕捉到比语言表露更真实、更微妙的思想。

例如,对方抱着胳膊,表示在思考问题;双手抱着头,表明一筹莫展;低头走路且步履沉重,说明他心灰气馁;昂首挺胸,高声交谈,这是自信的流露;女性一言不发,揉搓手帕,说明她心中有话,却不知从何说起;真正自信而有实力的人,反而会探身谦虚地听别人讲话;抖动双腿常常是内心不安、苦思对策的举动,若是轻微颤动,就可能是心情悠闲的表现。

当然,对请求对象的了解,不能停留在静观默察上,还应主

□ 办事的艺术 □

动侦察，采用一定的了解对策，去激发对方的情绪，这样才能够迅速准确地把握对方的思想波动和真实想法，从而顺其思路进行引导，这样的会谈易于成功。

针对不同的办事对象，谈话或请求应注意以下差异。

(1) 性别差异。对男性需要采取较强有力的劝说语言，对女性则可以温和一些。

(2) 年龄差异。对年轻人应采用煽动性的语言；对中年人应讲明利害，供他们斟酌；对老年人应以商量的口吻，尽量表示尊重的态度。

(3) 地域差异。生活在不同地域的人，所采用的劝说方式也应有所差别。比如对北方人，可采用粗犷的态度；对南方人，则应细腻一些。

(4) 职业差异。如果运用与对方所掌握的专业知识关联较紧密的语言与之交谈，对方对你的信任感就会大大增强。

洞察对方心理后，针对不同类型的人说不同的话，才能达到最好的办事效果。埋头做事者常常是事业心很强或对某事很感兴趣的人，一旦开始做事，便全身心投入，不愿再见他人。这种人往往惜时如金，爱时如命，铁面无私。要敲开这种人的门，首先不要怕碰"钉子"，还要有足够的耐性，并且要善于区分不同的情况，或硬缠或软磨，直至达到目的。

总之，要想让同事热心帮助你，就必须从揣摩清楚对方的心理入手，然后再量体裁衣，选择好时机和话题，逐步引导到你想求别人办的事情上来。

第三节 托朋友、同学办事的妙法

求朋友办事礼为先

　　托朋友办事也要适当地带上一些礼物。朋友之间因长时间不见，心中有交情，带点礼物上门，是非常自然的，也是情感的体现。礼物不在多少，它能有把这么长时间没有交往的空缺一下子填补回来的功效。

　　你所选择的礼物最好是对方原来的喜好，既可以是土特产，也可以是平常礼品。

　　赵先生要去北京办事，有个多年不见的朋友恰好熟悉这方面业务，于是赵先生打算去找这位老朋友帮忙。可是由于多年未曾联系，朋友间的情谊变得有点生疏了，赵先生觉得不好意思上门去拜访老朋友。还好，在北京上学的侄子给他出了个主意，让赵先生带着老朋友最喜欢的礼物登门。

　　赵先生经侄儿提醒，一下子回忆起他们当知青的时候，这位

□ 办事的艺术 □

老朋友最喜欢吃桂花糕了，于是赵先生从老家带了几斤桂花糕去北京的老朋友家。多年不见的朋友一阵寒暄，赵先生拿出了准备好的桂花糕，老友一见，热泪盈眶，多年的情谊一下子又回到了从前。赵先生适时地讲出来京的目的，老友当即应允，不到两天，事就给办成了。

当然，礼物不同，见面时的说法也不同。若是旧友的喜好之物，就说是"特意带给老兄（老弟）的，我知道你最喜欢这东西"；若是土特产，就说是"带给嫂子（弟妹）和孩子尝尝的"；若是平常礼品，那就得说是"给大侄子、大侄女的"。走进了门，便有了开口求老朋友办事的机会了。

虽为朋友，但送礼物时也应注意以下几点。

1. 要送在平时

关系，需要经常维护，朋友之间要常走动，关系才不会断。"有空去坐坐，多沟通交流"，带份礼物最好不过，朋友会说你礼道多，说你不当咱是朋友，告诉你下回千万别带东西。其实朋友心里很高兴，因为这证明他在你心中很重要，你常想着他。

2. 要送在适当的时间

生活中常发生这样的事，你带上一份礼物请朋友帮忙，他答应了。隔几天，你问他时，他说："不好意思，什么事啊？我忘了，那天去的人太多。"你这才想起，上次去的时候恰逢中秋节。

所以，在选时间送礼上，要有逆向思维，人多的时候别凑热闹。

3. 谨防大礼不解近忧

"无事不登三宝殿"，当你有事的时候，才想起某某朋友可帮上忙，这时就可能大礼不解近忧。即使你提上大包小包的东西，人家也未必会给你这个面子。"冰冻三尺，非一日之寒"，朋友之间维系关系也是一样，只有平时常来往，朋友之间才可能有求必应。

朋友间办事的忌讳

朋友之间相交存在差异性是必然的，交往越频繁、时间越长的朋友，这种差异就表现得越明显。有的是互补型差异，有的是冲突型差异，这两种差异都需要在友谊的天平上达到一种平衡。但有时，这种平衡却被破坏了，从而使朋友之间的友谊出现了裂痕和不愉快的阴影。究其原因，可能是因为你在某个环节上触犯了朋友间办事的忌讳。为了避免这些，你可以参考以下几个方面。

1. 忌功利心重

现实生活中，有些人交友完全是实用主义，以能力大小分等次，以尊卑论级别。凡对我有利者，则热情相待，交往甚密；对我无利者，则冷眼相待，视若路人；对有地位、有权势的朋友，笑容可掬，极力巴结；对一般朋友，则态度冷淡，哼哼哈哈。

2. 忌斤斤计较

友谊就意味着给予，它应该是无私的。朋友相处中如果斤斤计较，唯恐自己吃亏，这种有利必争、有荣誉不让、有责任便推的人，很难交到真正的朋友。

你可能在择友交友时，认为友情胜于一切，何必顾虑经济得失，金钱不能使友情牢固。这种思想使你与朋友相处时显得过于吝啬，事事不出分文；或患得患失，唯恐吃亏。对朋友的反馈欣然而受，自己却一毛不拔，这会使朋友感到你视钱如命，是个悭吝之人。

3. 忌不守信用

"不求千金，只求一诺"，做朋友就要说话算数，说到做到。在现实生活中，把承诺视为儿戏，以戏言相许骗取友谊与信任的人，永远也不会得到真正的朋友。

4. 忌忘恩负义

忘恩负义、以怨报德是一种败行。别人有恩于你，你切不可忘记，要设法给予回报。人处于逆境时，往往会深切地感受到朋友给予自己友谊与帮助的重要和珍贵。而一旦地位变了，便对昔日帮助过自己的朋友一反常态，变得怠慢、冷漠，甚至把朋友拒之门外，这种人往往令人气愤。

5. 忌不拘小节

有些人向朋友借钱，自以为数额不大，便马马虎虎地只借不还；有些人去朋友家赴宴，不顾礼貌，过于随便；有的人与别人交谈总喜欢打岔争辩，不甘示弱，如此等等。这种不拘小节的不良习惯不仅会损害自己的形象，还会使人感到厌恶。

6. 忌彼此不分

朋友之间最忌讳的是对朋友的物品处理不慎，还常说"朋友间何分彼此"。对朋友之物，不经许可便擅自拿用，不加爱惜，有时迟还或不还，久而久之会使朋友认为你过于放肆，产生防范心理。其实你的心中应该有这样一个观念：这是朋友之物，更要加倍珍惜。

7. 忌强人所难

当你有事需求人时，朋友当然是第一人选，可你事先不做通知，临近登门提出要求，或不顾朋友是否情愿，强行拉他与你同去参加某项活动，这都会使朋友感到左右为难。他如果已有活动安排不便改变就更难堪。或许他表面乐意而为，但心中却有几分不快，认为你太霸道，不讲道理。所以，你对朋友有所求时，必须事先告知，采用商量的口吻讲话，尽量在朋友无事或愿意帮忙的前提下提出。

8. 忌一意孤行

是朋友就要同舟共济，对好友之计应认真考虑，妥当采纳。也许你无视这一点，每遇一事，一意孤行，坚持己见，无视朋友之建议，依旧我行我素，结果自己吃亏、朋友受累。这必定使朋

□ 办事的艺术 □

友感到失望,认为你太独断专行,不把朋友放在眼里,是个无为多事之人,日后渐渐疏远你。所以,你在遇事决策时,应多听并尊重朋友的意见,理解朋友的好心,即使难以采纳的意见,也要说清楚,使朋友觉得你很尊重他。

在与朋友办事的过程中,尽量避免以上几点,你才能与朋友相处得和谐融洽,才能把事情办得又快又好。

向同学坦陈困难,让其主动帮忙

王华经营着一家小公司,虽然发不了什么大财,但每年的生意还算兴隆,家中生活殷实富足。因此,王华对自己的小公司也充满了信心。几年时间过去了,公司的业务在稳定中有了长足的发展,王华决定趁机扩展业务。可是天有不测风云,由于不够谨慎,他的一家上游供应商出了问题,货款早已经打过去了,可是供应商却迟迟没有发货。等他来到那家公司探询究竟时,发现已经人去楼空了。十几万元的货款一下子没了踪影,他的生意马上陷入了困境。他做梦也没有想到,自己几年的心血,竟然在一次轻信中化为泡影了。为了维持资金周转,他必须为了正常生产马上进货,可是货款都没了,又能到哪里去进货呢?

正当一筹莫展之际,他忽然想起一个人来,那就是他大学时的同学刘力。刘力大学毕业后就进入了房地产行业。他从开始时

第五章 找不同的人办事有不同方法

的一名小小的业务员,已经做成了一家建筑企业的老总,现在刘力在行业内享有很高的知名度。王华认为,自己只不过是在行业内小打小闹而已,一般情况下还攀不上刘力这个高枝。因此,他一直没有主动接近过刘力。可是现在,进货的问题迫在眉睫,公司的生死存亡就寄托在这一线希望之上了,或许刘力能帮得了他。他找出刘力的电话号码,拨通了电话,电话那头传来了刘力的声音,刘力了解了王华的情况之后,为老同学的遭遇深表同情。他答应在资金上帮助王华。这样,王华的公司有了喘息的机会,后来经过一番努力,公司终于走出了困境。

在这个例子中,如果不是刘力的帮助,王华的公司可能早就不存在了。虽然王华平时并没有与刘力有过多的联系,但是在关键的时候他还是想办法,向同学坦陈自己的困难,请求有能力的老同学帮忙,这使他顺利渡过了难关。

家家有本难念的经。走上社会后,昔日的同学所面临的是不同的环境、不同的机遇,难免就会出现单位不景气、不被重用等情况,而有的同学却是意气风发、春风得意。向同学坦陈困难,可以得到同学的理解和同情,或许会得到一些机会。通过同学劝导,也会增强自己的信心。

萍萍与阿紫是高中同学,阿紫没有考上大学,在一家工厂工作;

□ 办事的艺术 □

萍萍上完大学后被分配到一家企业工作，但是后来她在企业改革中下岗了。一次，在同学聚会上，相互见面之后，萍萍递给大家一张名片，上面写着"清洗抽油烟机"以及联系方式。阿紫看到萍萍为难的样子，于是就让她明天上门给自己清洗抽油烟机。第二天，萍萍早早地去了阿紫家。萍萍并没有因为是老同学就马马虎虎，反而比其他人擦得更加仔细。清洗完毕后，阿紫多给了萍萍一些费用，被萍萍拒绝了，她说："老同学，我是吃这碗饭的，如果你有机会可以多向别人推荐我，但是钱不能多收，这是我的规矩。"此事给阿紫的影响很大，以后她经常给萍萍介绍业务，萍萍也因此收入好起来。

萍萍在失业后并没有自暴自弃，也没有觉得在同学面前低人一等，而是采用积极的方式，利用同学聚会的时机介绍发展了自己的业务，获得了同学的帮助。

向同学坦陈困难，请求帮助是可以的，但这只是一时之法。如果一味地诉苦，只能博得一时的同情，要获得更大的收获还是要靠自己的努力。

请同学帮忙也要给予适当的回报

请同学帮忙时，也要给同学适当的回报。借同学之力联系别人，同别人打交道办事，不要忘了向同学表示感谢和给予回报。

第五章 找不同的人办事有不同方法

有的同学非常直爽，当自己不能帮助解决问题时，就会介绍给其他能够解决问题的人。

无论是自愿的还是应你所求，无论事情办成与否，都应该对同学表示感谢。

有一次，孔子带着子路等几名弟子去郑，途中恰好碰到了当时著名的贤士程子，他们彼此倾慕已久，大有相见恨晚之意，于是两人车盖相抵，热情交谈。

日薄西山，临别之际，孔子让子路从车上拿五匹帛作为馈赠程子的礼物。子路心里很不乐意，他认为男子若不经人介绍就与人会面，女子若没有媒人牵线就出嫁，是不符合礼的规定的，君子不能与这种人交往，而且孔子还常教导自己这样做。所以，子路闷闷不乐地立于一旁，没有听从孔子的安排。

过了一会儿，孔子见子路站在那里一动不动，又催促了一遍，子路仍以老师的做法不符合"礼"的规定为由不予理睬。

孔子见他倔脾气上来了，就耐心开导说："程子是当今天下的贤士，如果现在相见不予馈赠，恐怕终生难以见面了。"子路听了孔子的话，表示理解并照办了。

孔子通过赠送礼物以表达对程子的敬意仰慕，并联系情感。你看，圣人都认为要礼尚往来，何况我们这些凡夫俗子呢？

159

□ 办事的艺术 □

第四节 让客户办事的方法

用礼物表达你的真情

推销员与客户之间除了业务来往之外，也需要进行一些正常的人际交往。而这些交往在一些有经验的业务员那里，对其业务上的拓展是大有帮助的。

在某些情况下，作为销售人员，你可以用一些小礼物来馈赠你的客户，以表达自己心中的诚心敬意。一个电冰箱推销员买了几支小型温度计，在第一次拜访客户时送给他们，让他们把温度计放入正使用的冰箱里。下次拜访时他便请冰箱的主人看一下冷藏温度是否符合标准。如果温度达不到要求，很自然就能引出是否需要购买新冰箱的话题。如果主人觉得没有必要更换，他就马上离开去拜访另一家。

电子元件推销员有时会送出一块小型的电路印刷板，该印刷板上镶有一个刻着推销员姓名的小铜片。客户拿到这种礼物之后往往都会认真听取推销员的介绍。

你可以经常发送一些特制的广告礼品，如铅笔、打火机、记事簿、烟灰缸等。这种方法之所以能取得成功，是因为它抓住了人们的"喜欢占便宜"的心理，它可以调节客户的思想情绪，并为之创造出一个主动进行合作的气氛。

第五章　找不同的人办事有不同方法

有位女推销员，每天中午休息时间，便进入各公司拜访，有时是口香糖，有时是酸梅，一一分送给在场的每个人。

吃完饭后，来片口香糖或一颗酸梅，感觉格外清爽。

这种小礼物，的确是人际关系之中极好的媒介，会将准客户与推销员之间的心理围墙推倒。

小小的一份礼物却能产生极佳的效果。

此时需要注意的是，赠送时的态度要爽朗，态度爽朗才能使接受者愉快。要花点心思，挑选能打动对方心弦的礼物。礼物不需要过于昂贵，以免造成对方的心理负担，使其敬而远之。比如整盒装的高级水果有时还不如小日用品更实惠。

所以，在请客户办事时，可以适当地用一些小礼物表达自己的诚意。加深彼此的关系，从而办好事情。

抓住客户的心理

同客户办事时，也要善于抓住对方心理，妙用语言暗示。

纽约有两家大公司，一是巴顿公司，一是奥思蒙公司。巴顿公司的经理约翰，想把巴顿公司和奥思蒙公司合并成一个集团公司。有一天，他不着痕迹地向奥思蒙公司的经理说了一句效力极大的话。而两个公司，竟然因他这句话合并起来，实现了约翰的愿望。

□ 办事的艺术 □

约翰说了一句什么话，竟然产生了如此大的效力？事情的经过是这样的。

有一天，约翰对奥思蒙公司的经理说："前天晚上，我注意到，你们的经销处与我们的经销处并没有利益上的冲突，而且我们的客户也各不相同。"

"这是什么意思？"那位经理问道。

"我只是随便说说而已。"约翰说完，就微笑着走开了。

可是，约翰已把自己的意思，也就是两家公司合并后只有好处没有坏处这一观点深植在那位经理的脑海之中。

此后好几个星期，他们彼此之间并没有说别的什么话。但是，约翰的弦外之音已经拨动了那位经理的心弦。

在前面的谈话里，约翰并没有直接建议两个公司合并，只是转弯抹角地强调，二者的合并是有益无害的。而那位经理，就开始研究起这个问题来。于是，在他们日后正式会晤的时候，第一个仔细讨论的话题竟是那个规模宏大的合并事业。

原来，约翰所采用的策略，是一个在许多年以前为拿破仑所常用的策略——不着痕迹地暗示对方。

这种方法，在你与客户的办事过程中是值得借鉴的。你在与客户办某一件事时，不要直言相告，而是要抓住对方的心理，暗

第五章 找不同的人办事有不同方法

示对方，这样也可能收到更好的效果。

帮过他后趁机求他帮忙

有句俗话说得好，"天下一家亲，就看认不认"。在你没门子找门子、没路子找路子的时候，能利用一定的技巧与那些恰好有需求有资源的人搭上关系，那么你的事就很容易办了。关键是你要善于找方法，能够与那些愿意合作的人拉上关系说上话。而其中一个很重要的方法就是，在你帮过对方的忙后趁机求他帮忙，这时对方没有拒绝的余地，会很自然地帮你办事。

大名鼎鼎的爱国华侨陈嘉庚是以橡胶制品白手起家的。当时有一家汽车配件厂刚开工，需要大量的橡胶，陈嘉庚求胜心切，便找到这家工厂的厂长，不但没成功还碰了一鼻子灰，原来这家工厂早已有意和另一家橡胶厂合作。

陈嘉庚觉得如果就这样知难而退放跑这条"大鱼"，未免太可惜了，于是他就想了另外一个办法。

这一次他不再去找老板，而是先与汽车配件厂的一个职员交上了朋友，然后假装漫不经心地从那个职员口中探听老板的有关情况，以选择突破口。那个职员谈到老板有一个儿子，整天缠着要去看赛马。

□ 办事的艺术 □

老板很疼爱他，但自己的工厂刚刚起步，工作千头万绪，根本抽不出时间陪儿子。

职员是当作趣闻说起这件事的，可言者无意，听者有心，陈嘉庚感觉他已经找到了打开老板闭门拒客心理的钥匙。

陈嘉庚让这个职员搭桥，自掏腰包带老板的儿子去跑马地快活谷马场看赛马，令老板的儿子喜出望外，兴高采烈。陈嘉庚的举动使老板十分感动，不知如何答谢才好，于是，同意以陈嘉庚的工厂生产的橡胶作为原料，事情最终大功告成。

人们都说"万事求人难"，在同客户办事时更是如此。当你求人遇到困难时，可以先想方设法帮对方一个忙，然后再趁机请他帮忙。这种时候，你的客户无论出于什么原因或心理，都会比较轻松地答应帮忙。

通过交换资源，求人办事

求人办事，其实就是一种交换资源的过程，尤其是求客户办事。著名的社会心理学家霍曼斯提出，人际交往在本质上是一个社会交换的过程。他说的这种社会交换，就是指相互间的资源交换。长期以来，人们最忌讳将人际交往和社会交换联系起来，认为一

第五章 找不同的人办事有不同方法

谈交换就很庸俗，或者亵渎了人与人之间的真挚感情。这种想法显然不符合求人办事的规律。

任何人在求客户办事时，都是在与对方交换着某些东西，或者是物质上的，或者是感情上的，或者是其他的。假如你去找客户办事，就得先估计自己能不能帮对方办事，有没有什么可以作为交换条件的。你如果什么交换条件都没有，那么事情就难办了。

所谓交换条件，可以是物质的，也可以不是，如果你的某种能力被对方认可或需要，那你的某种能力就可以作为交换条件；你的社交能力特别强，对方认为你有很好的前途，这个也可以作为你的交换条件。求客户办事，首先要让对方知道你也有能力为他办事，他能从你这里得到好处，或者知道你能为他提供一些帮助，在这种情况下，你再开口，所求之事就会大功告成。

从另一个角度讲，求客户办事也是一种平衡双方利益的过程。求客户办事，不管办什么事其实都是为了获得某种利益，而要通过别人获得这种利益，又必须保持一种相对稳定的利益平衡关系。就是说在利益问题上不能总一头大、一头小，不能让对方一味地付出，即便这种付出只有一点点也是如此，因为久而久之，积少成多，问题就会显现出来。

因此，找客户办事，要在客户付出之前或付出之后让他有所

□ 办事的艺术 □

收获，要让他为自己的付出感到心甘情愿，这就需要给予他们一定的回报。这种回报当然不限于物质上的，也包括精神上的、感情上的。所以，在请客户办事过程中，一定要把握好这种利益平衡关系，这样才能更有效地办事。

找到共同利益，难事不再难办

1987年6月，法国巴黎网球公开赛期间，GE公司的韦尔奇邀请汤姆逊电子公司的董事长阿兰·戈麦斯进行商业会谈。

汤姆逊公司拥有的医疗造影设备公司是韦尔奇想要的。这家公司叫CGR，实力并不是很强，在行业内排名为第4名或第5名。

而韦尔奇的GE公司在美国医疗设备行业则拥有一家首屈一指的子公司，这家子公司几乎垄断了美国医疗设备的全部业务。但在欧洲市场却明显处于劣势，其主要原因是汤姆逊公司是由法国公司控股，换言之，就是将韦尔奇的公司关在了法国市场之外。

会谈过程中，因为戈麦斯不想把他的医疗业务卖给韦尔奇，所以韦尔奇决定用自己的其他业务与他们的医疗业务进行交换，看看他是否对此感兴趣。

韦尔奇很清楚戈麦斯的需要，于是他走到汤姆逊公司会议室的

第五章 找不同的人办事有不同方法

讲解板前，拿起水笔，在上面列出了他可以与戈麦斯交换的一些业务。

他首先列出的是半导体业务，但对方不感兴趣，他又列出了电视机制造业务，戈麦斯立即对这个业务产生了兴趣。因为从他的利益角度看，目前他的电视业务规模还不算很大，而且局限在欧洲范围之内，这样的交换不但可以甩掉那些不太赚钱的医疗业务，而且又能使他一夜之间成为第一大电视机制造商。

这样两人找到了思想中的共识，无形中进行了一次互利双赢的沟通、交流。于是谈判马上开始了，并且双方很快达成了一致。

谈判结束后，戈麦斯把韦尔奇送到了办公楼外面的轿车旁边。当车疾驶而去时，韦尔奇激动地对身边的秘书说："天啊，是上帝让我与戈麦斯有了这次思想上的沟通，帮助我做成了这笔交易。这就是寻找共同点的好处，权衡利弊，换位思考，我一定要把它运用得更好。"

而阿兰·戈麦斯回到办公室后也有同样的感触。他也同样清楚，这笔交易使他获得一个相对稳定的规模经济和市场地位，使他可以应对更多的巨大挑战。

通过这次谈判，韦尔奇更有实力来对付 GE 的最大竞争者——西门子公司。同时，汤姆逊公司也实现了成为世界上最大的电视机生产商的梦想。

□ 办事的艺术 □

韦尔奇、戈麦斯谈判成功的原因就在于他们能够有效沟通，找到彼此之间利益的共识，最终各取所需，各有所得。

在商业活动中，如果只追求自己的利益，那么谈判就很难达成。相反，如果能认真沟通，找出双方的共同利益所在，那么再难的事情都将迎刃而解。

第六章 办好难办的事

□ 办事的艺术 □

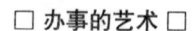

第一节 摆脱左右为难的"困局"

跳出"两难"问题的圈套

很多人都知道有这么一个难题。

女孩问她的男友:"如果有一天,我和你的妈妈同时掉进河里,你会救谁?前提是,你只能救一个。"这个问题大家一定不会陌生,可是如果让你回答呢?有谁的回答是让人满意的?

回答A:我会救你。女友一定是现在开心了,可是事后会想,你连自己的母亲都不会救,我还能指望你什么呢?以后,你一定也会抛弃我的。

回答B:我会救我妈。女友大发雷霆,喊道:"好啊。你下半辈子和你妈过去吧,我们完了。"于是扬长而去。

这个问题看似没法回答,怎样回答后果都一样。

第六章 办好难办的事

"两难"问题就是不论你回答"是"或"否",都可能给你带来麻烦,所以回答这类问题时必须用心。

很多时候,问这种问题的人总是别有用心、话中有话,听出对方的言外之意,是难点之一。

回答这种问题,"左"也不是,"右"也不是,该如何选择,这是难点之二。

如果问题来自你不能得罪的人,或者在公众场合被问到,更会让你的回答难上加难。

1. 回避正题

在那些不宜完全根据对方的问题来答话的场合可采用回避正题的模糊回答,它能让你巧妙避开对方问题中的确指性内容,让对方感觉到你没有拒绝他的意思,但又不是他期望的答案。

项羽自尊霸王后,想杀了刘邦。

范增出主意说:"等刘邦上朝,大王就问他,'寡人封你到南郑去,你愿不愿意去'。如果他说愿意,你就说他意图养精蓄锐,有谋反之心,可以推出去杀掉;如果他说不愿意去,你以其违抗王命杀掉他。"

刘邦上殿后,项羽一拍案桌,高声问道:"刘邦,寡人封你到南郑去,你愿不愿意去?"

刘邦答道:"臣食君禄,命悬于君。臣如陛下坐骑,鞭之则行,

□ 办事的艺术 □

收缰则止。臣唯命是听。"

项羽一听，无可奈何，只好说："刘邦，你要听我的，南郑你就不要去了。"

刘邦说："臣遵旨。"

刘邦的语言避开项羽问话的前提，故意说自己对项羽忠心耿耿、"唯命是从"，从而使项羽找不到借口杀自己，为自己日后卷土重来创造了机会。

2. 假装糊涂

两难问题中有一种复杂问语，是指利用"沉锚效应"，隐含着某种错误假定的问语。对这种问语，无论采取肯定还是否定的答复，结果都得承认问语中的错误假定，从而落入问者圈套。

有一次邻居盗走了华盛顿的马。华盛顿和警察一起在邻居的农场里找到了马，可是邻居硬说马是自己的，不肯把马交出来。华盛顿想了一下，用双手将马的双眼捂住说："既然这马是你的，那么你说出它的哪只眼睛是瞎的吗？""右眼。"邻居回答说。华盛顿把手从马的右眼离开，马的右眼光彩照人。"啊，我弄错了，"邻居纠正说，"是左眼！"华盛顿把左手也移开，马的左眼也光亮亮的。"糟糕！我又错了。"邻居为自己辩解说。"够了够了！"警察说，"这已经足以证明这马不属于你！华盛顿先生，我们把马牵走吧！"

第六章　办好难办的事

邻居为什么被识破？因为华盛顿善于利用思维定式，先使邻居在心理上认定马的眼睛有一只是瞎的，这在心理学上被称为"沉锚效应"。邻居受一句"它的哪只眼睛是瞎的"暗示，认定了"马有一只眼睛是瞎的"，所以猜完了右眼猜左眼，就是想不到马的眼睛根本没瞎，华盛顿只不过是要让他当场现原形。

因此，对这类问题，不能回答，只能反问对方，或假装糊涂、不明白对方的意思。

3. 迂回出击法

现实生活中对于一些不能得罪的人提出的难题或者无理的要求，不要急于做正面的反击，可以采取迂回的技巧，避免与对方正面冲突，在抓住对方的漏洞的前提下，不动声色地予以反击，从而反败为胜。

有一次，乾隆皇帝想开个玩笑以考验著名才子纪晓岚的辩才，便问纪晓岚："纪爱卿，'忠孝'二字当做何解释？"

纪晓岚答道："君要臣死，臣不得不死，是为忠；父要子亡，子不得不亡，是为孝。"

乾隆立刻说："那好，朕要你现在就去死。你怎么办？"

这实在是不好回答的问题，若回答不去死，则属违抗圣旨；如果回答去死，未免太冤。怎么回答呢？纪晓岚灵机一动，有了主意，说道："臣领旨！"

□ 办事的艺术 □

"你打算怎么个死法?"

"跳河。"

"好吧!"乾隆当然知道纪晓岚不可能去死,于是静观其变。不一会儿,纪晓岚回到乾隆跟前,乾隆笑道:"纪卿何以未死?"

"我碰到屈原了,他不让我死。"纪晓岚回答。

"此话怎讲?"

"我走到河边,正要往下跳时,屈原从水里冒出向我走来,他说,'纪昀,你此举大错矣!想当年楚王昏庸,我才不得不死,可如今皇上如此圣明,你为什么要死呢?你应该先回去问问皇上是不是昏君,如果皇上说他跟当年的楚王一样是个昏君,你再死也不迟啊'。"

乾隆听后,放声大笑,连连称赞道:"好一个如簧之舌啊!"

上面案例中,乾隆是根据纪晓岚提出的"君要臣死,臣不得不死,是为忠"之论叫他去死,此令顺理成章,纪晓岚怎样回答都很难,于是聪明地采用了迂回出击的办法,到最后反把难题留给了皇上。乾隆当然不能承认自己是昏君,所以纪晓岚很自然地使自己从"死"中解脱出来。这一招,既没有损害乾隆的面子,又点出了他的无理之处,还博得了夸奖。

4.相似问题反击

面对别人的刁难,面对两难问题,有时不必去苦思冥想,

第六章 办好难办的事

只要采用与他相似的问题进行反击,以其人之道反治其人之身,让对方承受自己设计的圈套,从而使自己轻轻松松得到解脱。

有一个无赖站在十字路口拦住一位过路的姑娘,大声说:"你猜我是要往东去还是要往西去?猜中了就放你走。"对此,姑娘怎么答都不会对,因为他的问话并非非此即彼,还有南和北。这时,姑娘掏出手绢揉成一团,说:"女士优先。请让我先问你一个问题好吗?"无赖有恃无恐,便答应了。姑娘便说:"你猜猜,我这手绢是要丢向东边,还是丢向西边?"无赖当然不能回答,只好让姑娘走了。

面临是非"急刹车"

小 A、小 B、小 C 三人都在同一公司上班,且平日都相交甚好,可是最近小 B、小 C 都因工作问题在小 A 面前数落对方的不是,似有与对方决裂之势,而他们表面上却装作依然友好。很明显,小 A 已经意识到自己可能会被拉扯到别人的是非之中了……

远离是非之地,实际上就是在遇到即将出现的危险时,设法脱离困境,以保护自己为最终目的。

是是非非几乎存在于社会的每一个角落里。可能你是个很有正义感的人,忍不住要挺身而出;也可能你是个容易冲动的人,眼里不能容沙子,碰上看不过去的事就要马上说出来;也可能你

175

□ 办事的艺术 □

是个……

但不管你是什么样的人，奉劝一句，是非不要轻易招惹，等沾在了身上想甩也甩不掉，也说不定哪天会招来飞天横祸。万一你不幸卷入是非之境了，那也需要明智地采取相应的应对措施，及早脱身离开才是，以免祸及自身。这同时也是提防危险人物的一大良策。

1. 适可而止，全身而退

某些人可能为了切身利益，希望化干戈为玉帛，以方便日后好继续相处，但亲自出面又太唐突，于是便找你来当"和事佬"。本来使人家化敌为友是一件好事，但做好事之余，你得要做些保护自己的工作，也就是说要适可而止，给自己的行动定一个界线，使自己最终实现全身而退。

你最好是对双方的对与错均不予置评，更不宜为某一方去解释，告诉他俩"解铃还需系铃人"，你的义务到此为止。

对领导、对单位不满的，永远大有人在，遇上有同事来诉苦，指责某人有意为难他，或单位某方面对他不公平，你应该做到既关心同事的利益，又要适可而止、置身事外，让自己在有可能卷入的是非旋涡面前全身而退。

2. 区别对待，步步为营

如果平日很要好的两个人，最近竟然分别在你跟前数落对方的不是，然而两人表面上依然假装友好。这时候，你该怎么办呢？

第六章　办好难办的事

两头为难是一方面，除此之外，你更该小心，因为还有一种可能是，两人在试探你。

有些人心胸狭窄，十分小气，又善妒忌，所以经常因为某些问题与人发生矛盾，这是不足为奇的。但他们表面上又不愿与人翻脸，故向较亲近者倾诉心中之苦，是自然不过的事。这时，你这个"夹心人"并不难做，对两人都冷淡对待，对方发现没有人同情，必然找不到感觉，就会掉头另找他人，那么你就自动脱身了。

如两人是别有用心，旨在试探你对他俩的喜恶程度，这下你就很难做了，就该采用步步为营的战术应对之。

既然对方的动机不良，你亦不必过分慈悲，不妨还以颜色。分别跟他们说："对不起，我不愿听你说朋友的坏话，因为我根本不想批评你俩！其实，我的看法对你们并不重要呀！"利用这一招，他们必然会知趣而退。

3."走为上"计

不招惹是非最典型的方法莫过于"走为上"计。我们知道，"走"不是消极逃跑，而是主动脱离一种极为尴尬的是非处境，待时机成熟，情况有所转机后，再去积极处理，以重新打开自己的人生局面。任何是非都会让你受累，而如何彻底摆脱它，则是做人的真学问。

走是为了远离是非，以等待时机，创造条件，实现自己的理想。

□ 办事的艺术 □

在某一外企工作的小周不久前险些卷进了一场是非之中。

小周应朋友之邀去酒吧喝酒。喝酒时，朋友告诉他，他和公司一位同事因某事发生了一点纠纷，并且说："那家伙狂得很，他胆敢再来找我，我非跟他拼命不可。"

小周知道，他这位朋友和他的同事都是莽撞之人，易激动、好感情用事。于是他好言劝了几句，让他冷静，不要冲动。谁知，朋友笑了笑说："有什么好害怕的？还不是小菜一碟，你看我怎么收拾他。"

小周以为朋友是酒后说的话，就没往心里去。没想到第二天，那位朋友真的来找他，让他去"看场好戏"。

这时，小周才意识到问题的严重性。如果他去了，对方会以为他是帮手，继而迁恨于他。那样的话，他就成了别人的敌人，陷入一场无中生有的是非之中，随时都有危险出现。

想到这里，他下定决心，绝不介入此事，于是他告诉朋友，他马上要开会，不能请假，以此为借口支走了朋友。之后不久，听说那位朋友与人打架，并无知而粗鲁地动了刀子。

得知这些情况后，小周暗自庆幸自己没有卷入他们的是非中。他不敢想象，如果自己卷进去，这次肯定脱不了干系，日后还不知道会有什么麻烦。

第六章　办好难办的事

说服明确拒绝自己的人

有时说服一个人并非易事，而无论什么时候要说服一个明确拒绝自己的人那更是不易。因为这里存在着两方面的原因。一是所谓覆水难收，拒绝方已作出明确表态，为保全其颜面，不到万不得已不会改变初衷，令自己脸面无光的。二是被拒绝方因遭明确回绝，自尊心大受其伤，如再要继续说服，则需要鼓起万般的勇气。当然，人生在世并非处处都如意，磕头碰壁的事时有之，有时并不能为了一时自尊或争得微薄一口气而放弃努力争取的尝试。虽遭明确拒绝还是要努力说服对方改变决定，但说服对方还是要随机应变，采取一些灵活而有效的办法。

1. 晓以利害

当我们向别人求助遭到拒绝时，往往会发现，对方其实并没有经过深思熟虑，只不过是下意识反应，或是因为其他一些细小的原因而断然拒绝。这时候，我们就应当站在第三者的立场上，帮助对方分析情况并道出其决定的不明智之处。

为了强化分析的效果，我们可以先对对方的才能或成就表示赞赏，令其意识到自己的价值和重要性，然后再分析对方拒绝我方可能导致的破坏性后果，使其珍视已有的成就和声誉，不得不答应我方的请求。

□ 办事的艺术 □

　　三国两晋时期文学家李密曾担任过蜀汉尚书郎的官职，蜀汉灭亡后，其居家不出。晋武帝知道他有才干，便下诏命他进朝为太子洗马，但李密拒绝了。为此，晋武帝大怒。在这种情况下，李密写了一封信给晋武帝："……我想圣明的晋朝是以孝来治理天下的，凡是年老之人，都得到了朝廷的怜恤和照顾，何况我祖孙孤零困苦的情况特别严重。

　　"我年轻的时候在蜀汉朝做官，任职郎中，本来就希望仕途显达，并不矜持名声节操。现在我是败亡之国的低贱俘虏，身份卑微的人，受到过分的提拔，宠幸的委命已经非常优厚，哪里还敢迟疑徘徊，有更高的渴求呢？

　　"只是因为我祖母刘氏如西山落日，已经是气息短促，生命不长。我如没有祖母的抚育，就难以有今日。祖母如失去了我的奉养，也就无法多度余日。祖孙二人相依为命，因此我实在不能抛开祖母离家远行。

　　"微臣李密今年44岁，祖母刘氏今年96岁。这样，我为圣上尽忠效力的日子还长，而报答祖母养育之恩的日子短呀！故此我以这种乌鸦反哺的私衷，乞求陛下准允我为祖母养老送终。

　　"恳请陛下怜恤我的一片愚诚，慨允我微小的志愿，使祖母刘氏可以侥幸保其晚年，我活着也将以生命奉献陛下，死后也要结草图报。臣内心怀着难以承受的惶恐，特地作此书，奏闻圣上。"

第六章 办好难办的事

这就是流传百世的《陈情表》。将心比心，以情说理，李密在柔言细语中陈述自己的处境。武帝颇为感动，心头的怒火也自然平息了，他还赐给李密奴婢二人，并令郡县供养其祖母。

2. 将拒绝理由变为求助的原因

一般来说，有强烈理由拒绝者，要他答应是相当困难的，因为这种人有充分的心理准备，所以"请你帮忙……"之类的恳求语，会使他感到厌烦。对付这类人，要将对方的拒绝理由夸奖一番，把对方拒绝你的理由变成你之所以找他的原因，之后再提要求也许就有效了。

有一个杂志的编辑，是邀作家写稿的高手。他并不属于能言善辩之人，他对"我太忙了，无法写稿……"的作家，只说一句："我知道你很忙，正因为你很忙，我才邀你写稿，太闲散的人是不会有好作品的。"他这种邀请忙人写稿的做法从未失败过。

再如，一般化妆品推销员第一次与用户见面时，很多女性都有抵触心理。这时，推销员会说：

"我知道，看你又细又嫩的皮肤，确实不需要化妆品。"

听到此话不动心的女性是很少的，然后推销员再加一句：

"可是，夏天的骄阳……"

这样一说，用户就会高高兴兴地下单。

3. 利用对方的兴趣

利用对方感兴趣或引以为豪的话题展开交谈，在满足对方心

181

□ 办事的艺术 □

理需要的基础上再提出自己的请求。

一个村办小厂的厂长，希望与一家大集团公司建立协作关系，但遭到该公司副总经理的拒绝。第二天，他又找上门，要直接面见总经理，得到获准，但被告知，谈话时间不得超过五分钟。

待见到总经理时，发现总经理正在小心翼翼地掸去一幅书法立轴上的灰尘。他仔细一看，是篆书，便说："总经理，看来您对书法一定很有研究。唔，这幅篆书写得多好，看这里悬针垂露之法的用笔，就具有一种多样的变化美……"总经理一听，啊，此人谈吐不凡，一定是书法同行，于是说："请坐，请坐下来细谈。"

之后，他们从书法谈到经历，总经理还讲述了自己的奋斗史，小厂厂长很懂说话艺术，谈话时适时提问，使总经理得以最大范围地展开叙述。此后没多久，他们很快达成了协议，建立了协作关系。

一位不受重视的村办小厂厂长，与大集团总经理素不相识，竟然能够说服对方与自己建立协作关系，这完全归功于该厂长巧妙地利用了那总经理的兴趣。在交谈时，这位厂长并没有直接提出请求，而是先从对方感兴趣的话题——书法谈起，并适时给予夸赞，最大限度地满足总经理的荣耀之心和自我价值肯定的心理。从而他们之间的心理距离就拉近了，之后的事自然就好沟通了。

第六章　办好难办的事

有效指出别人的错误又保留面子

在一个盛夏的中午，一群工人正休息着，一位监工走过去把大家臭骂一顿，说是拿了工资不该在此偷懒！工人们畏惧监工，当然会立即站起来工作，可是当监工一走，他们便又停下来休息了。如果那位监工上前和颜悦色地说："今天天气真热，坐着休息还是不停地流汗，这怎么办呢？工友们，现在这项工程很重要，已到了关键时刻，我们忍耐一下，赶一赶好吗？我们早一点干完了，就可以早一点回去洗个澡，休息一下，你们看怎么样？"相信工人们会一声不响地、自觉自愿地去工作。

在这个世界上，没有人不会犯错误。在错误面前，你可能会忍不住大发雷霆。狂风暴雨过后，你可能会沮丧地发现，你的"善意"并没有被对方所接受，相反，换来的结果可能让你追悔莫及。批评对谁来说都不是一件让人愉快的事，但是如果你能够掌握适当的批评技巧和方法的话，相信你一定能在无形之中增加自身的影响力。

如何指正别人的错误，很大程度上取决于你采用的态度。没有人喜欢被批评，不要相信"闻过则喜"。如果你一味地指责别人，你将会发现，除了遭到别人的厌恶和不满外，你将一无所获。然而，如果你能够让对方感觉到你是来解决问题、纠正错误的，而不仅仅是来发泄你的不满，那你将会获得成功。

有时候，人难免因一时糊涂做一些不适当、错误的事。遇到

183

□ 办事的艺术 □

这种情况，就需要把握住指责别人的分寸：既要指出对方的错误，又要保全对方的面子。这种情况下，如果分寸把握得不适当，就会使对方难堪，破坏交往的气氛和基础，并因此而带来一系列严重的后果；或者让对方占便宜的愿望得逞，给己方造成不必要的损失。

心理学家研究表明，谁都不愿把自己的错处或隐私在公众面前曝光，一旦曝光，就会感到难堪或恼怒。因此，在交际中，如果不是为了某种特殊需要，一般应尽量避免触及对方所避讳的敏感话题，避免使对方当众出丑。因此，指责别人的错误时不可过分，只需"点到为止"。

1. 声东击西

指责别人的错误时采取委婉式批评方式，可以声东击西，让被批评者有一个思考余地。其特点是含蓄委婉，不伤害被批评者的自尊心。

2. "指桑骂槐"

传说汉武帝晚年时，很希望自己能够长生不老。一天，他对宠臣东方朔说："相书上说，一个人鼻子下面的'人中'越长，命越长。'人中'长一寸能活百岁。不知是真是假？"东方朔感到皇帝的长生不老梦非常可笑。皇帝见东方朔似有讥讽之意，面有不悦，喝道："你怎么敢笑话我？"东方朔脱下帽子，恭恭敬敬地说："我怎么敢笑皇上呢？我是笑彭祖的脸太难看了。"汉武帝问："你为什么笑彭祖呢？"东方朔说："据说彭祖活了八百岁，如果真像皇上刚才所说的，'人中'应有八寸长，那么他的脸不是有丈把长吗？"汉武帝听了也大笑起来。

东方朔批评汉武帝的愚昧，讽刺汉武帝的荒唐，正是采用"指桑骂槐"的方式，通过嘲笑彭祖来完成的，而汉武帝却在谈笑中接受了东方朔的批评。

3. 曲说隐衷

倘若你对你的上级领导或长辈有些不满，想对他们表达出自己的想法，加之这种愿望又并无难言之处，那么就可以采用曲说隐衷的方式。

有一个酒徒，贪恋杯中之物，酒醉之后常常误了大事。妻子多次劝他，他怎么也听不进去。一天，他的儿子对他说了几句话，却使他心灵受到极大的震撼，以后就再也不喝酒了。原来，他的儿子说："爸爸，我送给你一个指南针。"

"孩子，你留着玩吧，我用不着它。"

"你从酒吧间出来时，不是常常迷路吗？"

在这个故事中，儿子用的就是"曲说隐衷"法。儿子对父亲老是喝醉酒深为不满，但作为小辈，又不便直接对父亲的行为提出批评，于是便以这种委婉的方式向父亲提出劝诫。

4. 软话服人

现实生活中，很多人都有一种吃软不吃硬的心态。特别是性格刚烈、很有主见的人，你如果说"硬"话，比如以命令的口吻，对方不但会不理睬，说不定比你更硬；你如果来"软"的，对方反倒会顺从你的要求。

有一次，英国首相丘吉尔和夫人克莱门蒂娜一同出席某位要人举行的晚宴。席间，一位著名的外国外交官将一个自己很喜欢的小银盘偷偷塞入怀里，但他这个小小的举动被细心的女主人发现了，她很着急，因为那个小银盘是她心爱的一套古董中的一部分，对她来说很重要。

怎么办？女主人灵机一动，想到求助于丘吉尔夫人把银盘"夺"回来，于是她把这件事告诉了克莱门蒂娜。丘吉尔夫人略加思索，向丈夫耳语一番。只见丘吉尔微笑着点点头，随即用餐巾作掩护，也"窃取"了一个同样的小银盘，然后走近那位外交官，很神秘地掏出口袋里的小银盘说："我也拿了一个同样的小银盘，不过我们的衣服已经被弄脏了，所以应该把它放回去。"外交官对这个提议表示完全赞同，两人将盘子放回桌上，于是小银盘物归原主。

第六章　办好难办的事

如何拒绝他人而不失礼节

陶行知先生在取得金陵大学文科第一名的成绩后，于1914年赴美留学，并在获得博士学位后于1917年回国。

归国后，陶行知在南京高等师范学校任教务主任。有一次，高师附中招考新生。国民党政府一位姓汪的高级官员的两位公子也来报考。可是，这两位公子平日只知吃喝玩乐，从不认真读书学习，属于不学无术的花花公子，所以考试成绩很差，未被录取。那位汪长官便打电话给南京高等师范学校找陶行知，要陶行知先生通融一下，帮忙录取他的两个儿子。陶行知先生婉言拒绝了。

可第二天，汪长官派自己的秘书亲自到学校找陶行知先生当面求情。这位秘书一见陶行知先生便说明来意，请陶行知在录取两位汪公子入学问题上高抬贵手。

陶行知先生郑重地告诉来者：

"敝校招考新生，一向按成绩录取，若不按成绩，便失去了录取新生的准绳，莘莘学子将无所适从。汪先生两位令郎今年虽未考取，只要好好读书，明年还可再考嘛。"

秘书见陶行知先生毫无松口之意，便以利诱的口吻说：

"陶先生年轻有为，又有留洋学历，只要陶先生在这件事上给汪先生一个面子，今后青云直上，何患无梯？眼下汪先生就会重重酬谢陶先生的。"

□ 办事的艺术 □

说罢，从皮包中取出一张银票递了过来，说：

"这是汪先生的一点小意思，希望陶先生笑纳。"

陶行知哈哈大笑，推开秘书的手，说：

"先生，我背一首苏东坡的诗给你听听，'治学不求富，读书不求官。比如饮不醉，陶然有余欢'。请你回复汪先生，恕行知未能从命。"

秘书满脸通红，他站起来，收起银票，改用威胁的口气说：

"但愿陶先生一切顺利、万事如意，将来切莫后悔。"

说罢，悻悻而去。

在日常生活中，几乎每个人都有过向别人提出要求而被人直接拒绝的经历，那种感受的确不好。然而，人生就是需要不断地说服他人，以寻求合作；反过来也可以说成是，人生是不断地遭到拒绝和拒绝他人。如果把拒绝的话说得恰当得体，可以使自己不陷入左右为难的状态，相反，如果说得不好，可能就会导致被人嫉恨等负面影响，这就需要掌握一些拒绝他人的技巧。

在社会交往中，当有人需要你帮忙而你由于某方面原因不能相助时，就需要拒绝他。而直截了当说出拒绝的话，很难说出口，也怕别人误解。

拒绝别人的时候，自己总会觉得难为情，开口拒绝本身就有难度；而被人拒绝的时候，心里难免也会不高兴。怎样说话才能

第六章 办好难办的事

让被拒绝的人不会有不高兴的感觉，这更是难上加难。

此外，有时候拒绝带来的后果还会伤害到双方的友情，怎样说话才能避免这样的后果，也是一个难题。

因此，我们就必须掌握一些拒绝他人的技巧，做到有效拒绝他人又不失礼节。

1. 献可替否，转移重心

"献可替否"是一个成语，意思是用可行的方法去替代不该做的。当对别人所求的事不能帮忙时，应在讲明道理之后再表示出拒绝，然后帮助想一些别的办法作为替补。因为一般每个人都会有一种补偿心理，即便你想的办法不很理想，但你也已经尽力了，对方的情感上得到了满足，这在一定程度上减少了对方的失望感。如果你的办法帮助他解决了问题，他会更感谢你。

2. 巧设"圈套"，诱导否定

有很多的问题，我们还可以巧妙地把对方设置在同样的情景中，以此来引诱对方作出他的判断，从而让对方明白自己的处境或意思，以巧妙地拒绝对方的要求。运用这种技巧，要求在对方提出问题之后，不马上回答，而是先讲一点理由，提出一些条件或反问一个问题，诱导对方自我否定，自动放弃原来提出的问题。

有一次，有一位朋友问罗斯福一个有关军事机密的问题，罗斯福压低声音说："这是一个机密问题，你能替我保密吗？"那个人

□ 办事的艺术 □

连忙说道:"我一定能!"罗斯福趁机回答道:"那我同样也能!"

3. 模糊语言,含糊回避

模糊语言、含糊回避是一种有效拒绝他人的方法,也是一种最常见的方法。它是在不便明言回绝的情况下含糊回避他人。这样能既给对方保留了面子,又不显得自己是个不肯帮忙的人。

如一个人求某单位的领导帮忙办事,那位领导说:"我们单位是集体领导,像你这样的事情,需要大家讨论之后才能决定。不过,以前像这样的事都很难通过,你最好还是别抱太大的希望,如果你坚持这样做的话,待大家讨论后再说,我个人说了不算数。"其实这就是在推托,把矛盾引向另外的地方,意思是"这种违反原则要求的事,我帮不了忙"。听者听到这样的话,一般都会打退堂鼓,真诚地说:"那好吧,既然是这样,也不难为你了,我再想想别的办法吧!"

4. 分析利害,以理服人

当别人的请求确实不适合自己,甚至有的要求让你违反个人原则、法律规范时,哪怕对方是关系再好的朋友或者对方的态度诚恳至极,你也不能支支吾吾、半推半就,而应当讲明事理,彻底让对方打消念头。

在日常生活中,有许多人不明白其中的利害关系,更有一些人为了眼前的一些蝇头小利而不顾后果,最后受到惩罚的还是自己。因此，在平时办事中要有长远眼光，要学会说"不"，既拒绝了别人，又顾及了对方面子。

有一次建设局质检员小任的同学请他晚上到家里去喝两杯，小任知道这个同学平日里无事不登三宝殿，便问请的还有谁。同学一开始支支吾吾，最后才说出他那位做包工头的表叔。

小任不想去赴宴，又不好不给同学面子，便说了一番坦诚的话："你我同学一场，应该清楚我的为人。若是你我几个老同学凑个热闹，我一定欣然前往。可是由于我的工作职责与你那位表叔的业务有关系，所以我不能去喝这个酒。建筑工程，百年大计，质量为本，将来即使你那位表叔承包的工程质量合格了，我公事公办问心无愧，但别人还是会对我和你的表叔说三道四。你那位表叔的心情我理解，其实工程质量检测不是我一个人说了算，何必事先就把事情弄得这么复杂呢？况且，万一工程质量有什么闪失，以后咱俩见面会有多尴尬啊！"一席话说得合情合理，把其中的利害关系分析得非常透彻，那位同学就不再勉强小任了。

5. 以攻为守

通常，我们还会遇到这样的情况：当对方向你提出一些要求以前，我们已经从别的途径中得知此事或在谈话中已经知道对方的目的，但是自己却无法做到。这时我们就可以采用这种以攻为

□ 办事的艺术 □

守的办法来拒绝他的要求。如有熟人找你借钱，但做的是一些不正当的事情（如赌博），你这时候就可以在对方说出他的请求之前率先提出来自己的要求："这么巧呀！正好碰到你，我正准备去找你借点钱……"对方听到你这么说，他自然就不会再向你开口借钱了，可能他还会懊悔自己向和尚借梳子——找错人了呢！

6. 自我贬低

生活中我们一直为一些既没有什么实际意义又浪费时间与精力的社交活动所烦恼，然而直接拒绝这些活动又不是件易事。对此，我们可以采取自我贬低的方式，在玩笑的氛围中拒绝他人，使自己能全身而退。比如，如果朋友想邀你一起去玩电游，面对劝酒时你就可以说："我们都是好朋友了，说出来不怕你们笑话，我学了几年一直玩得不像样子，你们看了都会觉得扫兴，为了不影响你们的兴致，我还是不去为好。"又比如说，在同学聚会的时候，你确实不会喝酒，面对劝酒你可以说："我一直都是爸妈的乖儿子，在家里又没有什么地位，要是喝了酒，那回去后肯定不是会被我爸'揍死'，就是会被我妈'骂死'，你们还是饶了我吧。"同时，你还可以说一些其他事例进行说明，或者找一些比较好的借口来增强这种自我贬低的效果。

以下为两则巧妙拒绝别人的事例，希望对读者能有所启发。

小柳从旅游局一个朋友那里借了一架照相机，他一边走一边

第六章　办好难办的事

摆弄着，这时刚好同事小肖迎面走了过来。小柳知道小肖有个毛病：见了熟人有好玩的东西，非得借去玩几天不可。这次看见了他手中的照相机又非借不可了。事实果然如此，但尽管小柳百般说明情况，小肖依然不肯放过。小柳灵机一动，故作姿态地说："好吧，我可以借给你，不过我希望你不要借给别人，你做得到吗？"小肖一听，正合自己的意思。他连忙说："当然，当然。我一定会做到的。""绝不失信？"小肖还追加一句说："绝不失信！失信还能做人吗？"小柳趁机说："那我不借给你了，因为我也答应过别人，这个照相机绝不外借。"听到这里，小肖目瞪口呆，这件事也只有这样算了。

第二节　应对棘手之人

与自以为是的同事合作办事

小谢这几天眉头紧锁，他怀疑是不是上天在有意出难题折磨他。原来，他们单位最近和他合作的一位同事特别自以为是，总认为"老

办事的艺术

子天下第一,地上的不用问,天上的知道一半"。小谢真不知道该如何与他相处。

在公司中有一种同事,办事都是从自己的信条出发,在他们心中,只有自己才是正确的,他们毫无道理地期望你完全同意他们的观点。如果对他们提出了质疑,他们就会陷入失控而疯狂;而如果你与自以为是的人有分歧,他们会把你拖垮。自以为是的人确信天下唯有自己正确,只有自己才懂得推动工作的唯一正确方法。这些精力充沛的人能量很大,他们不停地宣传鼓动,直到把你改变过来才肯罢休。他们宣传自己的信条就像他们在传播宗教信仰一样。起初,你还能据理与自以为是的同事相争,但你丝毫不能阻止或者减少他们的"宣传鼓动"。这样,一段时间以后,你没有力气了,就再也不能说什么了。你根本不能让他改变主意,即使让他的思想稍微开放一点,哪怕是考虑一下另一种观点也休想做到。

在公司中,自以为是的人心态总是这样的,"他们在这里的时间可能比我长,但在我先前的工作中,这个方法很有效。我确信,它也会使这里的工作有起色。我检查过他们以前的工作情况,与正确的方法完全不同。在这点上我不能让步。此项工作的成败,对我至关重要,因为它将决定我能否在公司站稳脚跟,这对我、对公司,都有好处。我必须使所有的人都知道——我有最好的办法"。这就是自以为是的同事心态的真实写照。

这种自以为是的同事,他自己办起事来,就像在从事一项神圣的使命,别人不能打扰他,他也对别人提供的任何有效方法都毫无反应。如果你不愿在很多问题上妥协,就必须与对方较量,以牙还牙,强化你的立场,绝不能因对方的执拗而让步。在同他们的交往中,你要注意以下几个方面。

1. 审视自我

你的目标是要客观行事,不要因对方的自以为是而感情用事。重新考虑你自己的观点,自以为是的人观察问题的方法跟你不同,而且固执己见,但那个观点有道理吗?他是否在竭力把不能接受的标准强加于人?然后,再回到你自己的立场上,考虑正反两方面意见。在陈述你的观点时,要清楚具体。要仔细评估自己的方案,找出与对方的异同,是自己的还是对方的方案更合适,或者能够互补,这样在应对他们的时候,你就有理有据了。

2. 充满自信

在陈述自己的观点时,要像自以为是的同事陈述自己的观点时一样自信。因为自己的解决方案中,除了有先进的理念和完美的实施方法,以及平时积累的丰富素材,还经过了严密的推理和论证。所以,要充满自信地和对方竞争,自己就一定能够取胜。

3. 善意提醒

自以为是的同事都比较自信、固执,这其间你要探明他在多

□ 办事的艺术 □

大程度上受到这种理念的影响,并在工作中注意提醒他,他就有可能对这些善意的言语有所接受。你可以讲一些巧妙的话语:

"你精力充沛、干劲十足,我们都很欣赏你全身心投入工作的精神,但这些记录提醒我们在哪个方面应谨慎从事,因为……的形势难以捉摸。"

"这项工作不能出半点差错,这关系着大家的利益,特别是你自身的利益,如果出现闪失,其后果对你个人前途有潜在的危害,你可得注意了!"

"工作中一个人不可能滴水不漏,必要的时候和大家一起碰碰头,交流一下意见,使工作质量更高,这有什么不好呢?"

有一次,美国著名工程师莱芬惠想更换一个新式的产量指数表,但公司中有个十分自以为是的工头一向都不太愿接受别人的意见,什么都喜欢自作主张。如果别人对他提出意见和建议,他必定会大加反驳。这次要更换一个新式产量指数表,看来他肯定要反对的。怎么办呢?莱芬惠想了许久,终于想出了一个办法。莱芬惠是怎样和这个工头打交道的呢?

一天下午,莱芬惠去找他,腋下夹着一个新式指数表,手里拿着其他一些要征求他意见的文件。当他们讨论文件的有关问题时,莱芬惠把那个指数表从左腋换到右腋,又从右腋换到左腋,移换了好几次。

第六章 办好难办的事

那工头注意到这个动作,问:"你拿的是什么?""哦,这个吗?这不过是一个新的指数表。"莱芬惠装作漫不经心地答道。"让我看一看。""哦,你不用看的。"莱芬惠假装要走,并说:"这是给别的部门用的,你们部门用不着这种东西。""但我很想看一看。"于是莱芬惠又装出一副勉强答应的样子,将那指数表递给他。当他审视时,莱芬惠就假装随意而又非常详尽地把这东西的效用讲给他听。他终于叫喊起来:"我们部门用不着这东西吗?这正是我早就想要的东西!"

与自私自利的人合作办事

刚调职到一家新单位的欣欣,没过几天就对身边的一位老员工十分反感。这位老员工非常自私自利,为人也很刻薄,什么好处都要占全,干工作拈轻怕重,却喜欢把公家的东西或别人的东西据为己有,还心安理得。欣欣感觉与这种人共事真是好难,真不知往后该怎样来有效应对了。

所有的人在社会交往中,都讨厌那种自私自利、只顾自己的人。因为这种人心目中只有自己,凡事都将自己的利益放在前头,从不肯为别人考虑。但在日常交往中,遇到这样的人,该办事时还得办事。

中国古代有句俗话,"各家自扫门前雪,莫管他人瓦上霜"。

□ 办事的艺术 □

这本是教人不要关注分外之事,而要专心打理自己分内之事,但也在某种程度上反映出人性自私的一面。这类人在没有利益冲突时与其他人倒也相安无事,其自私自利的一面不易被人发觉。但只要在生活有一些交往或在工作中涉及一些利害问题时,其自私的本质便会暴露无遗。

他会以各种冠冕堂皇的理由来推掉本属于自己的工作责任,比如,"自己的能力不行""自己手上的工作已很繁重""本来我自己做也不妨,但为了让你增加经验,宁愿把机会给你"等。

对于这种人,不要期望他会在你有困难时帮助你。

自私的人,眼见别人犯错,只会在旁偷笑,绝不会提醒别人,更不会拔刀相助。一旦有人向你嘲笑某人犯错也不自知时,你便要小心这个人了。

这种人尽管心目中只有自己,特别注重个人的得失和利益,但是他们有时也会因利益而"忘我"地工作。对他们不必有太高的期望,也没有必要希望他们能够像朋友那样以义为重、以情为重。

如果换个角度、换种眼光来看待这种人,你会发现他们常常有不同于别人的优点——精打细算。如果我们能够通过适当的方式,将他们的这种优点加以升华,运用到某些比较合适的地方,也可以发挥其优势。例如,让这种自私自利的人干一些财务工作,在有严格约束的情况下,他们往往会成为集体的"守财奴"。这

第六章 办好难办的事

样的话,岂不是一件好事吗?

1. 公私分明

与自私自利的人交往时,要坚持公私分明、公事公办的原则。

这个原则相信是不少人口中的口头禅,但要实际执行起来,却不是那么简单。要公私分明,的确不是人人可以做到的。

人与人相处久了,自然会有感情,而不论产生的是好感或是厌恶,都很容易影响人的判断力。特别是自私自利的人,为了谋取更多的自我利益,他们会经常变相地赞美你,以获得你对他的好感,以便从中谋求各方利益。这时,你就要小心警惕了,你只有以一个第三者的身份来客观处理公私关系,才能真正坚持公私分明这个原则。

如果在这个原则上你有失偏颇,那么你就会麻烦不断,自私自利的人便有了可乘之机,他会用各种借口、途径利用你从各个方面获取各种私利。若你未能及时采取有力措施来扭转局面,他甚至还会得寸进尺、得陇望蜀。更不妙的是,在不知不觉中你还会得罪他,让他对你耿耿于怀,对你的任何一点不配合都会牢记心中。所以,你要坚持公私分明、公事公办,让自私自利的人无机可乘,早点断了那份非分之心。

2. 避免相求

你要把自己身边自私自利的人认识清楚,看其自私程度如何,在需要帮助时，不把他们考虑在内，自然不怕得罪他们。比如，你的煤气罐坏了，让他帮助修理一下，他就认为是在占用他的休息时间，而不愿动手；在工作中，如果你有困难想让他来帮忙，他总会有说不尽的理由来拒绝你。在这种情况下，你最好是自己努力解决或者请别人来帮忙。否则，自私自利的人就算去了，也会觉得自己损失了很多，会引起他们心理上的不平衡，让你以后加倍偿还。如果自私自利者拒绝了你，你就会感觉大失面子，何必自讨烦恼呢？条条大道通罗马，可以用其他方法解决，何必要去求他呢？

3.AA制原则

自私自利的人的特点是心中总是装着自己，只为自己着想，在任何细节上都不愿吃亏。大家都是工薪阶层，生活挺不容易，那就采用AA制原则。大伙儿之间有什么需要花钱或付什么费用，不能让一个人承担，大家平均分摊，这样使自私自利的人心理平衡。例如，大伙儿一同聚餐，自私自利的人是绝对不会自己付账的，那就实行AA制，不是很好吗？如果和这种人一起出去观光旅游，也用这样方式，那么一切问题就都不存在了。

石竹大学毕业后，进了一家稍有点名气的广告公司，负责协助一位资深设计师工作。可上班没两天，就遇到一个很难对付的

第六章 办好难办的事

"麻烦"客户。那位资深设计师觉得自己是个有些资历的人,而石竹不过是刚进公司的一个小兵,于是就把这客户指派给石竹来对付。没想到,石竹的设计却很成功,让对方当场决定签了个大单。这让那位资深设计师感觉很不是滋味,他便借口石竹不熟悉公司流程,让他把订单交给自己,他去跟客户洽谈。项目谈成后,功劳全算在他个人头上,石竹连个表扬都没得到。

为此,石竹感觉十分不满。下班回家后,他躺在床上反复思考着以后该以何种态度来对待这个自私自利的设计师。他想出了可供自己选择的三种态度。

第一,平心静气地对待设计师的所作所为,不忘自己当前的任务是学习第一,相信自己有一天也能变成优秀的设计师。

第二,在客户认同的情况下,主动向别的设计师请教,问清公司操作流程。这样做可以将主动权掌握在自己手里,但结果肯定会得罪那位设计师。

第三,立刻冲到老板那里,要求他给个说法。一般情况下,老板不会去找资深设计师的麻烦,但他会知道你的能力和表现,下次有业务时会注意你。

起初,石竹就采取第一种态度,心平气和地与设计师"和平共处"着。但随着他对业务日益精通,设计师对他的"剥削"也日渐加深时,他再也无法忍受了,于是开始采取第二种态度和第

□ 办事的艺术 □

三种态度。经过一番强硬的对抗后，自私自利的设计师便再也不敢那么毫无顾忌地欺负他了。

与性情暴躁的人合作办事

邓佳所在公司有一个大客户脾气十分暴躁，他已和这个客户打过多次交道，每次总算能勉强招架过去。可有一次该客户发脾气简直就是不管不顾，让他再也招架不住了。这位客户因为工作上的事不高兴，在一天打电话时很生气地说永远不在邓佳他们公司订票了，并说对于他在公司的积分，要邓佳全部给他免了，和公司结算清了。结算后要直接给他充值在手机里，他决定不再见邓佳。后来，邓佳好话说了一大通后，他才答应把相关单据送上门，因为这是要客户签字的。邓佳很想留住这个客户，但他性情太暴躁，人实在太凶，且已认定不在公司订票。为此，邓佳不知该怎么办。

所谓性情暴躁的人，通常指的是那种好冲动、做事欠考虑、思想比较简单、喜欢感情用事、行动如疾风暴雨的人。和这种人打交道，应该谨慎，否则稍有得罪，他便捶胸顿足、怒不可遏，甚至拳脚相见，实在是不划算。也正因为此，许多人都不愿意和这种性情暴躁的人来往。其实，这是一种对人认识不足的偏见。

第六章　办好难办的事

当然，性情暴躁是一个缺点，它容易伤害别人，并且常常表现为蛮横无理。但是，这种人也有优点，而这正是我们与之交往的重要基础。

1. 坦率相对

这种人常常比较直率，肚里有什么想法都表现出来，不会搞阴谋诡计，也不会背后算计人。他对某人有意见，会直截了当地提出来。和这种人打交道时，你只要坦率相对，对方就会认为与你性格相近，从而会乐意和你办事。

2. 以诚待人

这种人一般比较重义气、重感情，只要你平时对他好，尊敬他，视之为朋友，他会加倍报答你，并维护你的利益。所以，和这种人交往，不一定非要多么客套或讲什么大道理，你只要以诚相待，他必定以心相报。

3. 正面赞扬

这种人还有一个特点，即喜欢听表扬的话、夸赞的话。所以，在与其交往中，宜多采用正面的赞扬方式，而要谨慎运用反面的批评方式，这样往往可以取得更好的效果。

□ 办事的艺术 □

让脾气倔强的人为你办事

小林的父亲是一家大公司退下来的董事，为人什么都好，就是性子相当倔，从来都是说一不二，是出了名的"犟骨头"。最近，朋友的女儿大学毕业忙着面试找工作，和另一位竞争者同时进入了一家公司的最后一轮筛选，但是这家公司只会录用一个，而且暂时还没有给出答复。为此，小林想请父亲帮忙出面打个招呼，因为朋友女儿面试的公司就是他父亲曾经担任董事的那家。可父亲则甩出一句"走后门的事不能做"之后，无论怎么劝、怎么求都无济于事。面对这样一个倔脾气的父亲，小林感到很无奈。

脾气倔强的人一般都会固执己见，这种人一般很难与之打交道，如让他为你办事那更是难上加难。脾气倔强的人都是性情坚硬者，如对他采取强硬措施，必是以硬碰硬，两败俱伤，但如果采用"捧"的方式，以软化硬，则会起到很好的效果。当然，面对脾气倔强之人，让他为你办事，确实对"吹捧"之人提出了很高的要求，因为，弄不好拍马屁可能拍到马蹄子上，轻者"对牛弹琴"不起任何效果，重者可能还会让对方火冒三丈。但是，如果能够有针对性地多下点功夫，采取一些有效的措施，终究还是会使"犟驴上套"的。

第六章 办好难办的事

1. 巧妙利用暗示

再倔强的人只要认为是正确的事或者认为符合自己的利益,也是会积极完成的。他们之所以一开始特别抵触,其实还是因为他们本身是原则性比较强的人。当你想找他办事的时候,他们下意识地觉得你要办的是不光彩的事。在这样的情形下,他根本不会有心思去听你具体地阐述事实情况。所以,为了让他不至于在听到办事的一瞬间就一口回绝,你需要先进行一些铺垫,在铺垫的过程中,有意地将他思考的方向,引导至你后面想要谈论的人或事上。这样开口,他只会当成闲聊,不会过分抵触。而当他成功听进去了,对你所讲的事情有了触动,那么你和他的关系,就在无形中被拉近了许多。而他对于自己即将要帮忙的人或事,也不会再那么抵触。因为通过之前的暗示,他已经知道你之所以找他帮忙,确实是有一些合情合理的缘由,而不是单纯地想走后门,想投机取巧走捷径。

人都是感情动物,不会有完全铁石心肠的人。对方给你办事,就意味着要花费一定的时间和精力,有时甚至还会占用对方的休息时间。所以,我们必须想办法先消除对方的抵触心理,最好是能够让他产生一些触动。达到共情的效果后,再谈后面办事的内容,一切就水到渠成了。暗示的过程,其实就是我们能够发挥自己能力的机会。一件事,用不同的方式去说,产生的结果也会不同。与其将希望寄托在碰运气上,不如好好琢磨一下,用怎样的方式去说,暗示的效果最为明显。

当然,对于脾气倔强的人来说,有时可能他心里已经答应你的请求了,但是嘴上却不会给你具体的允诺。这时切记不要给对方施加压力,而是要继续通过暗示让对方知道,就算事情没有办成,也不会让他损失什么,甚至也会得到自己的感恩。而一旦办成了,则会拥有更为不错的回报。回报不一定非得是财物,具体要视对方的情况而定,总的原则就是让对方觉得你值得相助。

2. 隐藏真正的目的

如果你所求之事从根本上与所求之人的心意背道而驰,这时你绝不能说出真实的目的,如果让对方发起脾气来,吃不了是要兜着走的。你必须把你的真实目的伪装起来,而且要伪装成对方非常想达到的一个目标,使他在不知不觉中为你办成了事。

3. 激将之法

降服倔强之人,让其为你办事,还可运用激将之法。激将法又分正面激励和反面激励两种,二者运用于不同的对象、场合和目的。在军事斗争中,多采用反激法。如果对方是自己非常熟悉的人,就用反面的刺激性话语去激励对方,以唤起他受到压抑的自尊心。因为每个人都有自尊心、荣誉心,但有时由于某种原因,这种自尊心、荣誉心受到了自我压抑,此时平淡的开导与说服往往不能使之振奋。如果有意识地运用反面的刺激性语言"将"他一军，便会使其自尊心从自我压抑下解脱出来，产生新的兴奋。俗话说"水激石则鸣，人激志则宏"，就是这个道理。这种以激发自尊心为目标的说服艺术，往往能在短时间内产生巨大的动力。

与清高傲慢的人合作办事

在日常交往中，有些人往往自视清高、目中无人，表现出一副"唯我独尊"的样子。与这种举止无礼、态度傲慢的人打交道，实在是一件令人难受的事情。这种清高傲慢的人常常有如下三种表现：

1. 高傲自大，目中无人

自以为本事大，有一种至高无上的优越感。总以为自己很了不起，别人都不如自己。说话时常常语中带刺，做事我行我素，表现为过度自信和自负心理，对别人的态度则表现为不屑一顾。

2. 孤芳自赏，固执己见

清高傲慢的人往往性格孤僻，喜欢自我欣赏。他们往往听不进别人的意见，凡事都认为自己做得对，对别人持怀疑与不信任的态度。

3. 自命清高，眼高手低

清高傲慢者多自命不凡、好高骛远、眼高手低，自己做不来，别人做的他又瞧不起。所以做什么事都认为没用，不值得去做。

有人说，对这种人就必须以牙还牙。他傲慢无礼，你便故意怠慢他。这种做法在适当的时候也许是必要的，但它通常更多的只是一种从感情出发的表现。似乎对方的傲慢清高对我们是一种侮辱，于是我们也要用这种方式去回击他。而当我们理性地思考一下自己的目的和处境时，则应该寻求某种更适当的交往方式。因为，如果他傲慢、你怠慢，便很可能使交往无法进行下去，这显然对双方都是不利的，所以我们应该从如何使自己办事成功的角度出发来选择自己的行为方式。

1. 表示信赖

一般情况下，对待清高傲慢的人，我们要相信他们，对他们表示信赖，并在适当的时机、场合给他一些取胜的机会，让他把自己的自信心充分建立起来。让他们养成一个良好的习惯，以代替那种为满足自己的虚荣心而表现出来的盛气凌人的傲慢态度。

2. "当头一棒"

有的自命清高者傲慢骄横，自以为自己的地位、学识、年龄等都处于优势状态，所以蔑视他人或者大肆地攻击他人。他无论到什么地方，总是以为"别人不如我"。这种人自以为其他人都不如自己，将他的傲气潜藏在虚伪的谦和之中。那么，怎样应对这样的人呢？有位名家说得好："有一些人，赞美他可能是件危险的事，因他自命不凡，一经抬高，他就会更得意忘形。狠狠地当头一棒，也许是良策益方。"那就给他"当头一棒"吧！

3.有意为难一下

对这种自命清高者，你不妨有意制造一些麻烦，让他为难一下。你也可以邀请这种人从事一些无法显示出傲气的轻松类活动，例如请他去跳跳舞、聊聊家常、唱唱歌，等等。当对方一旦在你面前表现出其生活中真实的一面之后，在以后的交往中，他往往不会再对你傲慢无礼，这样你就可以从容地与他共事了。

图书在版编目（CIP）数据

办事的艺术 / 邢群麟，姚迪雷编著．-- 北京：中华工商联合出版社，2021.8
　　ISBN 978-7-5158-3057-5

　　Ⅰ．①办… Ⅱ．①邢… ②姚… Ⅲ．①人际关系－通俗读物 Ⅳ．① C912.11-49

中国版本图书馆 CIP 数据核字（2021）第 137605 号

办事的艺术

编　　著：	邢群麟　姚迪雷
出 品 人：	李　梁
责任编辑：	吴建新
封面设计：	冬　凡
责任审读：	郭敬梅
责任印制：	迈致红
出版发行：	中华工商联合出版社有限责任公司
印　　刷：	北京毅峰迅捷印刷有限公司
版　　次：	2021 年 8 月第 1 版
印　　次：	2021 年 12 月第 7 次印刷
开　　本：	880mm×1230mm　1/32
字　　数：	132 千字
印　　张：	7
书　　号：	ISBN 978-7-5158-3057-5
定　　价：	45.00 元

服务热线：010 — 58301130 — 0（前台）
销售热线：010 — 58302977（网店部）
　　　　　010 — 58302166（门店部）
　　　　　010 — 58302837（馆配部、新媒体部）
　　　　　010 — 58302813（团购部）
地址邮编：北京市西城区西环广场 A 座
　　　　　19 — 20 层，100044
http://www.chgslcbs.cn
投稿热线：010 — 58302907（总编室）
投稿邮箱：1621239583@qq.com

工商联版图书
版权所有　侵权必究

凡本社图书出现印装质量问题，请与印务部联系。

联系电话：010—58302915